基礎から学ぶ
アカウンティング入門

古賀智敏・遠藤秀紀・片桐俊男

田代景子・松脇昌美

［著］

創 成 社

はしがき

　本書は，大学で簿記・会計を初めて学ぶ学生または社会人を対象に編集した簿記の入門書です。とくに，経済・経営学部や商学部などの専門科目群にある基礎科目の「会計学入門」や「簿記原理」などの科目を履修する方や社会人が初めて簿記の基礎知識を学修するために使用するテキストとして書かれたものです。同時に，本書は，初学者に日商簿記検定3級（日本商工会議所主催簿記検定試験）と同レベルの知識と技能を修得していただきながら，簿記の基礎を十分に理解することを目的としています。

　簿記は，複式簿記の原理にもとづいて，仕訳を行い，勘定に転記して記録し，最終的に貸借対照表や損益計算書などの財務諸表を作成し，利害関係者向けに報告します。したがって，スタートの仕訳が正しくなければ，ゴールである財務諸表を正しく作成することはできません。つまり，始めの基礎が肝心ということです。これら一連の手続きの流れを「簿記一巡の手続き」または「会計サイクル」といいますが，本書の特徴は，そのなかで確実に仕訳する力（仕訳力）を身につけるために，設例‐演習方式により，できるだけ多くの設例を用いて，丁寧に仕訳の意味を説明しています。また，初学者の理解を助けるために，図表もできるだけ多く使いながら説明することにも心がけました。

　簿記は，他の社会科学分野とは異なり，本を読むだけではなかなか身につきません。繰り返し実践的な問題を解くことによって，その計算のしくみも見えてきます。理解するだけではなく，スキルを体得することが重要です。そのため，本書の各章末に，可能な限り練習問題を掲載しています。その問題を解いて，各章の理解の定着に役立ててください。なお，練習問題の解答用紙と解答は，創成社のホームページ（https://www.books-sosei.com）にアップロードされています。ダウンロードしてご利用ください。

　最後になりましたが，本書の出版を快く引き受けてくださった株式会社創成社出版部部長の西田　徹氏に厚くお礼申し上げます。また，本書の校正にあたり東海学園大学大学院経営学研究科修士課程の中東一浩氏にご協力をいただきました。ここに記して感謝申し上げます。

2022年8月吉日　三好キャンパスにて

執筆者一同

目　次

はしがき

第1章
簿記の基本原理

> **ポイント**
>
> 　本章では，簿記とは何か，簿記の意味と目的・役割，財産法と損益法という企業の利益計算の二面性，貸借対照表と損益計算書のしくみと特徴，および簿記の基礎的前提など簿記の基本的な用語と見方を説明します。
>
> 📖 **キーワード**
>
> 記帳技術，簿記システム，記帳評価，期間損益計算，財産法，損益法，財産法等式，損益法等式，財務諸表，貸借対照表，資産，負債，資本，財政状態，貸借対照表等式，損益計算書，収益，費用，経営成績，会計主体の要件，会計期間の要件，貨幣評価の要件，勘定計算の要件，勘定，単式簿記，複式簿記

① 簿記の意味

　企業では，日々，商品の売り買いや備品，機械・設備の購入，経費の支払いなど利益獲得を目指してさまざまな経済活動が行われています。このような企業の経済活動が儲かっているかどうか，その良否を判断するためには，1ヵ月，1年といった一定の期間を区切ってその期間で行われた取引や活動記録をまとめて，計算結果を表示しなければなりません。この企業活動を記録，集約し体系化して提供するものが簿記です。簿記とは，語源的に「帳簿記入」の略語といわれているように，端的に広く**記帳技術**をいいます。

　このような簿記について，いま少し説明しておきましょう。まず，図表1−1をご覧ください。

　図表1−1の要点は，次の3点です。

図表 1 - 1 簿記システム

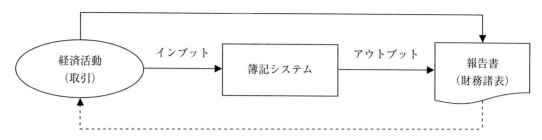

（1）企業の行う経済活動は，簿記上「取引」として簿記の記録・計算の体系（**簿記システム**）に組み込まれます。

（2）記録されたデータは，簿記システムのなかで貨幣金額によって統一的に加工されて，1つのまとまりのある計量的結果として算出されます。

（3）その結果，計量的結果を一覧表示されたものを財務諸表といいます。

このように，企業活動という経済実態（インプット）を，簿記システムというしくみ（プロセス）を通じて貨幣単位で記録・集計し，最終的には財務諸表という報告書（アウトプット）となって概観できるようにするのが簿記です。

❷ 簿記と会計

簿記と類似した用語に会計があります。簿記と会計とは，一見まぎらわしいのですが，厳密には両者は区別して理解されなければなりません。歴史的には，帳簿記入の対象は金銭の貸借関係から始まって，貸付（債権）・借入（債務）の増加・減少の変動をいかに正確かつ明瞭に把握するかが，重要になってきました。これは記帳技術の問題であり，記録形式の問題です。このように，会計の歴史は簿記の歴史，つまり簿記史として発展してきました。

その後，経済社会の発展とともに，企業規模が拡大し，活動領域が多方面に広がりながら，金銭債権・債務以外に商品（棚卸資産）や機械・設備・建物（固定資産）の記録が簿記の重要な役割となりました。そこで，毎年決算を行う際に，期末在庫の商品をいずれの時点の購入価格で記録すべきか，機械・設備・建物などが1年間でどのくらい減価したかといった評価の問題が重要な会計の問題となってきました。

このように，会計の発展は簿記の記帳技術として発生しましたが，その後の企業規模や企業活動の拡大とともに金額を取引の実態に即して評価するという評価の問題が会計の重要な取り扱い領域となってきました。そこでは，端的に簿記は**記帳技術**という記録形式面を重視するのに対して，会計は記録が企業の実態（たとえば，固定資産の減価など）に照ら

して正確かつ明瞭に反映されているかを把握する**記帳評価**という記録実質面を重視しています。

　少し理論的になりますが，簿記は記録という行為を重視し，会計は認識・測定・伝達という行為を重視するといえるでしょう。両者ともに企業の経済活動（取引）を対象としていますが，形式と内容という視点が異なっていることに注意してください。これをまとめると，図表1－2のとおりになります。

図表1－2　簿記と会計

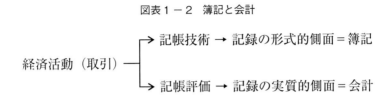

③ 簿記の目的と役割

　企業は，経済活動の結果としてどれくらいの利益をあげたかを把握するためには，毎月，あるいは毎年という一定期間ごとに活動結果を計算しなければなりません。このように，期間を単位として**期間損益計算**を行うことが簿記の目的であり，そのための手段として，損益計算書と貸借対照表が作成されます。企業活動の元手になるのが資本（期首資本）であり，企業はこれを効率的に運用して収益（資本の増加）と費用（資本の減少）の差額としての利益（資本の純増加）を把握し，それを元手の期首資本に加えて，期末資本となります。つまり，企業活動とは，期首資本から出発して，期中の損益活動による価値増殖を経て，期末資本へと流れる資本の循環過程として理解できます。このような資本の循環過程を記録・分類・集計するのが簿記の役割です。

　これから明らかなように，企業の利益を算定するには，次の2つの方法があります。1つは，期首と期末の資本の増減に注目する**財産法**という計算方法であり，もう1つは，期中の価値増殖（収益）と価値減少（費用）の差額として利益を計算する**損益法**という方法です。

④ 財産法と損益法

【財産法】

　財産法とは，期末資本と期首資本とを比較し，期末資本が期首資本を上回る資本の純増加額を利益とする計算方法です。たとえば，期末資本金¥55,000，期首資本金を¥35,000とすれば，資本の増加分としての利益は¥20,000となります。すなわち，

期末資本金（¥55,000）－期首資本金（¥35,000）＝資本金増加分（¥20,000）

これを**財産法等式**といいます。期末資本金が期首資本金を下回る場合は，損失となります。

　期中に追加投資や資本の引出が行われた場合には，追加出資分を控除し，資本の引出分を加えて計算しなければなりません。

　資本金増加分－追加出資＋引出＝利益（または損失）

【損益法】

　損益法とは，資本の増加をもたらす収益から，資本減少の原因となる費用を控除した収益の余剰部分として利益を計算する方法です。いま，収益を¥35,000，費用を¥15,000とすれば，収益と費用との差額として¥20,000の利益となります。

　収益（¥35,000）－費用（¥15,000）＝利益（¥20,000）

　この等式を**損益法等式**といいます。

　財産法等式と損益法等式の2つの利益計算方法の関係を図式化して示したものが，次の図表1－3です。

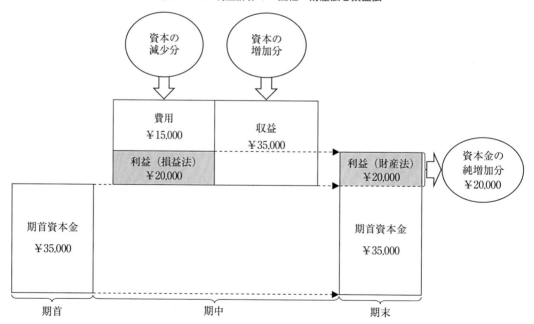

図表1－3　利益計算の二面性－財産法と損益法

【複式簿記と貸借複記】

　複式簿記では，資本そのものの増減と資本の増減原因となる収益・費用との２つの側面から同時に記録される点に大きな特徴があります。したがって，複式簿記の前提のもとでは，財産法で得られた利益と損益法で得られた利益は，当然に一致することになります。たとえば，商品を現金で販売する場合，販売活動による売上収益（損益法の計算要素）の記録と同時に，複式簿記の前提のもとでは，売上対価として現金という資産（財産法の計算要素）の増加をもたらすことになります。このような二面的記帳を貸借複記といい，複式簿記の特徴をなすものです。

⑤ 財務諸表の構成

　簿記システムのアウトプットとして提供される報告書は，その伝達対象に応じて，大きく外部利害関係者向けの報告書と企業経営者・管理者に対する内部利害関係者向けの報告書があります。このうち投資者や銀行など外部利害関係者向けに用いられる報告書が**財務諸表**といわれるものです。そのなかで中心となるのが，貸借対照表と損益計算書です。

【貸借対照表のしくみと特徴】

　貸借対照表は，企業の一定時点における資産，負債，資本を一覧表示して，企業の財政状態をあらわすものです。貸借対照表の左側に**資産**を表示し，右側に**負債**と**資本**をあらわしています。まず，右側の負債は，株主以外の第三者，たとえば仕入先や銀行等から提供された資金であり，他人資本あるいは債権者持分ともよばれています。それに対して，資本とは，資本主（株式会社の場合，株主）が拠出した金額を意味し，自己資本あるいは株主持分ともよばれています。また，貸借対照表の左側に示される資産は，企業に提供された資金がどのように運用されているかをあらわしており，貸借対照表の右側の負債・資本の合計と左側の資産とは，資金の源泉と使途とのバランス関係をとっています。この関係を**財政状態**といい，貸借対照表は，企業の財政状態，つまり企業の支払能力や資金調達の健全性などを判定するのに役立ちます。

　貸借対照表の左側と右側とは金額的に一致しなければなりません。

　　資産＝負債＋資本

　この等式を**貸借対照表等式**とよびます。

　なお，現行の貸借対照表は，資本を純資産と表示しています。その理由は，資本以外のものを含めることになったためです。図表１－４は，勘定式の貸借対照表の例を示したものです。

図表1-4 貸借対照表

貸 借 対 照 表
X2年3月31日

資　産	金　額	負債・純資産	金　額
現　　　　金	160,000	買　掛　金	180,000
売　掛　金	340,000	借　入　金	150,000
備　　　品	300,000	資　本　金	400,000
		繰越利益剰余金	70,000
	800,000		800,000

※繰越利益剰余金期首残高はゼロとします。

【損益計算書のしくみと特徴】

　損益計算書は，右側に収益，左側に費用を記載し，企業の一定期間における**経営成績**，とくに収益性に関する情報を提供するものです。**収益**とは，売上高等の期中における企業の価値増殖（成果）による資本増加の原因を示し，**費用**とは，売上原価や営業費等の企業の価値増殖をなすための価値犠牲（努力）による資本減少の原因をなすものをあらわしています。この成果と努力との差額が，企業が期中に獲得した利益であり，資本の純増加分をなすものです。

　このように，貸借対照表は資産，負債，資本の勘定項目を集約表示するのに対して，損益計算書は収益，費用の勘定項目を要約して一覧表示するものといえます。図表1-5は，勘定式の損益計算書の例を示したものです。

図表1-5 損益計算書

損 益 計 算 書
X1年4月1日からX2年3月31日まで

費　用	金　額	収　益	金　額
売　上　原　価	600,000	売　　上　　高	850,000
通　　信　　費	60,000		
支　払　家　賃	90,000		
支　払　利　息	30,000		
当 期 純 利 益	**70,000**		
	850,000		850,000

⑥ 簿記の基礎的前提

　一般に簿記が成立するためには，次の4つの基礎的前提（要件）が不可欠となります。

（1）会計主体の要件
（2）会計期間の要件
（3）貨幣評価の要件
（4）勘定計算の要件

【会計主体の要件】

　まず，簡単な具体例をあげて説明します。いま，東学商事が地ビールを合計¥100,000で現金で売り上げたとします。この場合，売上¥100,000，現金¥100,000の記帳を行うためには，東学商事は株主とは別個の独立した存在でなければなりません。東学商事で簿記処理を行う主体は東学商事の株主（出資者）ではなく，それから独立・別個の存在としての東学商事そのものが主体であることが前提となっています。これが**会計主体の要件**といわれるものです。これによって，出資者が拠出した拠出資本（自己資本）を維持した余剰分としての利益計算を行う簿記の役割が可能になります。

【会計期間の要件】

　次に，東学商事の活動結果の良否を判断するためには，1ヵ年を単位として会計年度を区切って計算が行われなければなりません。これが**会計期間の要件**です。東学商事は事業体として継続することを前提に事業活動を行っているので，会計計算を行うためには事業過程を人為的に区切って，一定の期間を単位として行うことが前提になっています。

【貨幣評価の要件】

　多種多様な企業活動を統一的に記録し，集計するためには，共通尺度としての貨幣金額で客観的に把握することが必要になります。これが**貨幣評価の要件**です。実際の企業活動では取引の種類ごとに重量や個数など異なった単位が用いられますが，簿記処理を通じて利益を確定するためには，貨幣評価額を用いて統一的に記録・計算されなければなりません。そこで，簿記が成立する要件として市場取引を通じて客観的に決定される貨幣評価額が求められることになります。

【勘定計算の要件】

　先に述べたように，複式簿記の特徴として，販売活動などの経済事象について2つの側面から記録するという二面的記帳があります。このような二面的記帳は，**勘定**という形式の単位として記録・集計されます。これが**勘定計算の要件**といわれる基礎的前提です。勘定では，通常，経済活動のプラスの計算量とマイナスの計算量とを記入するために，左と右に2つの欄が設けられています。簿記上，左側を**借方**，右側を**貸方**とよんでいます。このよび方は，簿記の歴史的所産であり，現在では特別の意味のないものといえるでしょう。

⑦ 簿記の種類─単式簿記と複式簿記

　簿記は，それが利用される業種や領域によって「商業簿記」，「工業簿記」，「銀行簿記」などに分けることができ，それぞれの業種取引の特性に合わせた記帳方法が用いられています。大学の簿記会計教育では，広く商業簿記が行われていますので，本書でも商業簿記を中心に取り扱います。

　複式簿記を前提にしていますので，これに対比される簿記として単式簿記について述べておきます。**単式簿記**とは，経済主体の経済活動の結果として生じた財産の増減変化を，単純な記録簿に一面的に記入する単記式の記録方法（単記式記入）をいい，家計や非営利事業体などで現金の収支記録を行う場合などに利用されます。たとえば，家計簿では給与や電気・ガス料金など生活費を控除した現金残高のみを記録・計算する場合などが，単式簿記の一例です。

　しかし，単式簿記では複雑な経済活動を体系的・統一的に把握することはできません。このような限界に対応して，現代経済社会では，所定の簿記の記帳ルールにもとづき，帳簿相互間に有機的な関係を維持しつつ，一定の合理的な形式を用いた会計帳簿に，二面的に記帳する複記式記入の方法，つまり**複式簿記**が行われなければなりません。本書第2章以下でも，この複式簿記を用いた記録・計算の方法について学ぶことにしましょう。

練習問題

問題1　簿記と会計の相違点がどこにあるかを説明しなさい。なお，相違点のポイントをアンダーラインで示しなさい。

問題2 三好株式会社のX1年度の貸借対照表ならびに損益計算書の関連項目の金額は，次のとおりであった。この場合，財産法等式および損益法等式の空欄に適切な数字を入れて，等式を完成しなさい。

期首資産 ¥120,000　期首負債 ¥90,000　期末資産 ¥175,000　期末負債 ¥140,000
売　　　上 ¥235,000　売上原価 ¥150,000　その他諸費用 ¥80,000

財産法等式：
期末資産（　①　）－期末負債（　②　）＝期末資本（　③　）
期首資産（　④　）－期首負債（　⑤　）＝期首資本（　⑥　）
期末資本（　③　）－期首資本（　⑥　）＝利　益（　⑦　）

損益法等式：
収益（　⑧　）－費用（　⑨　）＝利益（　⑩　）

① ¥	② ¥	③ ¥	④ ¥	⑤ ¥
⑥ ¥	⑦ ¥	⑧ ¥	⑨ ¥	⑩ ¥

問題3 次の文章の空欄にあてはまる適切な語を答えなさい。

投資者や銀行などの外部利害関係者に提供される報告書は（　①　）といわれ，その中心となるものには，（　②　）と（　③　）がある。（　②　）は，企業の一定時点における資産，負債，資本を一覧表示して，企業の（　④　）をあらわす。

（　③　）は，貸方（右側）に収益，借方（左側）に費用を記載し，企業の一定期間における（　⑤　），とくに収益性に関する情報を提供する。収益は，企業の価値増殖（成果）による（　⑥　）の原因を示し，費用は，企業の価値増殖をなすための価値犠牲（努力）による（　⑦　）の原因を示す。

①	②	③	④	⑤
⑥	⑦			

問題4 簿記が成立するために必要な4つの基礎的前提（要件）を答え，それぞれを簡潔に説明しなさい。

基礎的前提（要件）	説　明

問題5 単式簿記と複式簿記の相違点について説明しなさい。なお，相違点のポイントをアンダーラインで示しなさい。

第 2 章
取引の勘定記入

ポイント

　本章では，企業の取引を，資産，負債，純資産（資本），収益および費用の各勘定に分類し，各勘定口座に記入する方法について説明します。

📖 **キーワード**

取引，交換取引，損益取引，混合取引，勘定，勘定科目，勘定口座，借方，貸方，借記，貸記，借方残，貸方残，会計等式，取引要素の結合関係，取引の分解，会計サイクル

① 取引の意義

　取引という用語は，私たちの日常生活では一般に建物の賃貸契約や商品を注文するときの経済事象としてとらえています。しかし，簿記上の取引は，借りた店舗の家賃の支払いや店舗の焼失などのように，企業の資産，負債，純資産（資本），収益および費用が増加

図表 $2-1$　簿記上の取引と一般の取引

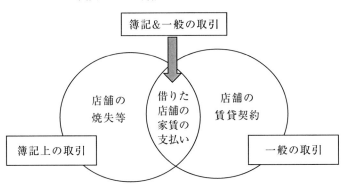

したり減少したりする経済事象をいい，貨幣額で客観的に測定できるものです。簿記上の取引と日常生活の取引の違いは前ページの図表2－1のとおりです。

② 取引の種類

簿記上の取引は，資産，負債，純資産（資本），収益および費用の5つの会計要素にどのような影響を与えるかによって，交換取引，損益取引または混合取引に分けられます。**交換取引**は，資産，負債および純資産（資本）が増減する取引です。**損益取引**は，収益と費用が発生または消滅する取引です。**混合取引**は，交換取引と損益取引の両方が同時に生じる取引です。

例題2－1　次の取引の説明のうち簿記上の取引を番号で答えなさい。また，簿記上の取引について，交換取引，損益取引または混合取引の別を示しなさい。
　　（1）銀行から現金￥800,000を借り入れた。
　　（2）土地を月額￥1,000,000で借りる契約を結んだ。
　　（3）サービスを提供し手数料￥80,000を現金で受け取った。
　　（4）貸付金￥500,000とその利息￥20,000を現金で受け取った。
　　（5）得意先から商品￥50,000の注文を受けた。

《解　答》
（1）交換取引　　（3）損益取引　　（4）混合取引

《解　説》
（1）資産（現金）が増加し，負債（借入金）が増加する交換取引であるから，簿記上の取引となります。
（2）契約を結んだだけであって，資産および負債の増減は生じないため，簿記上の取引とはなりません。
（3）資産（現金）が増加し，収益（受取手数料）が発生する損益取引であるから，簿記上の取引となります。
（4）資産（現金）が増加し，資産（貸付金）が減少する交換取引と，資産（現金）が増加し，収益（受取手数料）が発生する損益取引の2種類の取引が同時に生じる混合取引であるから，簿記上の取引となります。
（5）注文を受けただけであり，資産および負債の増減が生じないから，簿記上の取引にはなりません。

❸ 勘定の意義

取引は，資産，負債，純資産（資本），収益および費用の5つの会計要素に分類されます。これらの会計要素は，さらに現金，売掛金，買掛金または資本金などに分けられます。これらを**勘定**（account, a/c）といい，取引の記録や計算の単位として用いられます。各勘定の名称を**勘定科目**といい，簡便的に次のようなT勘定の形式が用いられます。T勘定の左側を**借方**，右側を**貸方**といいます。このような形式による取引の記録や計算の場所を**勘定口座**といいます。

（借方）	現　　金	（貸方）

❹ 勘定科目

勘定科目は，一般に貸借対照表勘定と損益計算書勘定に分けられます。基本的な勘定の例は，図表2-2のとおりです。

図表2-2　勘定科目

《貸借対照表勘定》

会計要素	勘定科目
資　　産	現　金　普通預金　当座預金　受取手形　売掛金　繰越商品　未収入金　建　物　備　　品　土　　地など
負　　債	支払手形　買掛金　借入金　未払金など
純資産（資本）	資本金　繰越利益剰余金など

《損益計算書勘定》

会計要素	勘定科目
収　　益	売　上　受取手数料　受取利息など
費　　用	仕　入　給　料　支払家賃　水道光熱費　通信費　旅費交通費　消耗品費　広告宣伝費　支払保険料　支払手数料　支払利息など

なお，第2章以降については，「純資産（資本）」は（資本）を省略して「純資産」と表記します。

⑤ 勘定口座への記入

　企業の１つの取引は，２つ以上の勘定に分けて記録されます。先に示したＴ勘定に記入する場合，資産および費用の諸勘定には，増加または発生を左側すなわち借方に記入し，減少または消滅を反対側である貸方に記入します。負債，純資産および収益の諸勘定には，増加または発生を右側すなわち貸方に記入し，減少または消滅を反対側である借方に記入します。

　Ｔ勘定の左側に記入することを借方記入または**借記**（しゃっき）といい，右側に記入することを貸方記入または**貸記**（たいき）といいます。勘定残高は借方合計と貸方合計の差額のことで，仮に借方合計が貸方合計より大きければ**借方残**（かりかたざん）となり，反対に，貸方合計が借方合計より大きければ**貸方残**（かしかたざん）となります。

例題２－２　次の取引を略式（Ｔ勘定の形式）の現金勘定に記入しなさい。なお，残高を求めること。

　　　　　４月１日　株主から現金￥300,000の出資を受けて営業を開始した。

　　　　　　２日　パソコン￥150,000を現金で購入した。

　　　　　　３日　銀行から現金￥100,000を借り入れた。

　　　　　　４日　Ａ商品￥80,000を現金で仕入れた。

　　　　　　５日　上記Ａ商品を現金￥120,000で販売した。

《解　答》

（借方）	現		金	（貸方）
4/1	300,000	4/2		150,000
3	100,000	4		80,000
5	120,000	残高		290,000

　現金勘定は資産勘定であるため，増加は借方に記入し，減少は貸方に記入します。借方合計￥520,000と貸方合計￥230,000の差額￥290,000が借方残高となります。

⑥ 借方－貸方のルールと会計等式

　例題２－２の現金勘定は資産勘定であるため，増加を借記し減少を貸記しましたが，負債，純資産および収益を勘定記入する場合には反対になります。その理由は，資産＝負債＋純資産（資本）であらわされる**会計等式**（または貸借対照表等式）の均衡が保持されるよ

うに記入するからです。ここでは，この記入ルールを**借方－貸方のルール**とよぶことにします。借方－貸方のルールと会計等式との関係は，図表2－3に示すとおりです。

図表2－3　借方－貸方のルールと会計等式

会計等式

資　産　＝　負　　債　＋　純資産（資　　本）

《貸借対照表勘定》

資産勘定		負債勘定	
借方（増加）	貸方（減少）	借方（減少）	貸方（増加）

		純資産（資本）勘定	
		借方（減少）	貸方（増加）

《損益計算書勘定》

費用勘定		収益勘定	
借方（発生）	貸方（消滅）	借方（消滅）	貸方（発生）

　資産勘定および費用勘定は，通常，借方残高となります。これに対して，負債，純資産および収益勘定は，通常，貸方残高となります。したがって，これらの諸勘定の記入方法を要約すると次のとおりです。

（1）資産を増加または費用を発生させる取引は借方記入（借記）します。
（2）資産を減少または費用を消滅させる取引は貸方記入（貸記）します。
（3）負債と純資産を増加または収益を発生させる取引は貸方記入（貸記）します。
（4）負債と純資産を減少または収益を消滅させる取引は借方記入（借記）します。

> **例題2－3**　次の勘定口座の借方と貸方の空欄に，増加または減少あるいは発生または消滅の
> いずれかを記入しなさい。

《解 答》

現　　金	
増　加	減　少

売　掛　金	
増　加	減　少

買　掛　金	
減　少	増　加

資　本　金	
減　少	増　加

売　　上	
消　滅	発　生

給　　料	
発　生	消　滅

現金および売掛金は資産勘定ですから，借方に増加，貸方に減少を記入します。

買掛金および資本金はそれぞれ負債および純資産勘定ですから，借方に減少，貸方に増加を記入します。

売上は収益勘定ですから，貸方に発生，借方に消滅を記入します。

給料は費用勘定ですから，借方に発生，貸方に消滅を記入します。

❼ 取引要素の結合関係

複式簿記では，1つの取引を下記に示す借方の要素と貸方の要素の8つの組み合わせであらわします。これらの組み合わせは**取引要素の結合関係**といい，すべての取引の借方と貸方の金額はかならず等しくなります。

図表2－4　取引の結合関係

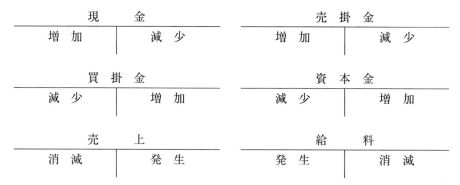

（注）点線で示した取引の組み合わせはあまり生じません。

❽ 取引の分解と勘定記入

取引は，図表2－3および図表2－4に示すとおり，借方－貸方のルールにもとづいて，2つ以上の勘定に分解して記入します。これを**取引の分解**といいます。そこで，取引をど

のように各勘定へ記入するかについて，次の例題2－4で説明します。

例題2－4　次の取引について適切な勘定へ記入しなさい。なお，番号と金額を記入すること。

（1）株主から現金￥1,000,000 の出資を受けて，東海商店の営業を開始した。

（2）みよし銀行から現金￥500,000 を借り入れた。

（3）Ａ商品￥300,000 を掛で仕入れた。

（4）Ａ商品を￥350,000 で販売した。代金は掛とした。

（5）従業員の給料￥200,000 を現金で支払った。

《解　答》

（1）現金勘定に借記し，資本金勘定に貸記する。

現　　金		資　本　金	
(1)　　　1,000,000			(1)　　　1,000,000
（資産の増加）			（資本の増加）

（2）現金勘定に借記し，借入金勘定に貸記する。

現　　金		借　入　金	
(1)　　　1,000,000			(2)　　　　500,000
(2)　　　　500,000			（負債の増加）
（資産の増加）			

（3）仕入勘定に借記し，買掛金勘定に貸記する。

仕　　入		買　掛　金	
(3)　　　　300,000			(3)　　　　300,000
（費用の発生）			（負債の増加）

（4）売掛金勘定に借記し，売上勘定に貸記する。

売　掛　金		売　　上	
(4)　　　　350,000			(4)　　　　350,000
（資産の増加）			（収益の発生）

（5）給料勘定に借記し，現金勘定に貸記する。

現　　金		給　　料	
(1)　　　1,000,000	(5)　　　　200,000	(5)　　　　200,000	
(2)　　　　500,000	（資産の減少）	（費用の発生）	

❾ 会計サイクル

　これまで説明してきたように，簿記は，取引を借方－貸方のルールにより，各勘定口座へ記入し，毎会計年度，貸借対照表および損益計算書などの財務諸表を作成する一連の会計手続きを行います。これを**会計サイクル**といいます。

　会計サイクルの手続きは，期中と期末の会計手続きに分けられ，次のとおりです。

Ⅰ　期中の会計手続き
　①　取引（証ひょう）を分析する。
　②　取引を仕訳し，仕訳帳へ記入する。
　③　仕訳を総勘定元帳へ転記する。

Ⅱ　期末の会計手続き
　④　試算表を作成し，精算表を完成する。
　⑤　決算整理仕訳を行い，仕訳帳へ記入し，総勘定元帳へ転記する。
　⑥　決算整理後試算表を作成する。
　⑦　締切仕訳を行い，仕訳帳へ記入し，総勘定元帳へ転記する。
　⑧　繰越試算表を作成する。
　⑨　財務諸表を作成する。
　これら一連の会計サイクルを図で示せば，図表2－5のとおりになります。

　本章の取引と勘定記入は，図表2－5の会計サイクルの②仕訳と③転記の手続きにあたります。なお，仕訳帳と総勘定元帳については次の第3章で説明します。

図表2−5 会計サイクル

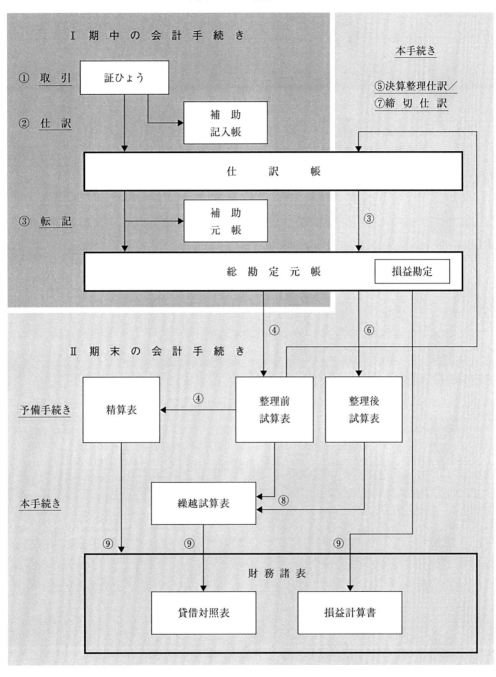

練習問題

問題1　次の取引に関する説明のうち，簿記上の取引を番号で答えなさい。

（1）商品¥100,000 を仕入れ，代金は掛とした。

（2）店舗を月額¥200,000 で借りる契約を結んだ。

（3）地震により建物¥2,000,000 が倒壊した。

（4）従業員を¥150,000 の給料で雇用することにした。

（5）現金¥300,000 を貸し付けた。

解答欄	

問題2　次の取引の説明の（　）に借方または貸方のいずれかを記入しなさい。

（1）現金の増加は，現金勘定の（　　　　　）に記入する。

（2）借入金の増加は，借入金勘定の（　　　　　）に記入する。

（3）資本の増加は，資本金勘定の（　　　　　）に記入する。

（4）受取手数料の発生は，受取手数料勘定の（　　　　　）に記入する。

（5）通信費の発生は，通信費勘定の（　　　　　）に記人する。

問題3　次の各取引を例にならって借方の要素と貸方の要素に分解し，取引の結合関係を示しなさい。

（例）株主から現金¥500,000 の出資を受けて，営業を開始した。

（1）備品¥300,000 を購入し，代金は現金で支払った。

（2）銀行から現金¥1,000,000 を借り入れた。

（3）商品¥200,000 を仕入れ，代金は掛とした。

（4）商品を¥400,000 で販売し，代金は掛とした。

（5）従業員に給料¥150,000 を現金で支払った。

	借　方		貸　方	
	会計要素（勘定）	金　額	会計要素（勘定）	金　額
（例）	資　産（現　金）の増加	500,000	純資産（資本金）の増加	500,000
（1）	（　　　）の		（　　　）の	
（2）	（　　　）の		（　　　）の	
（3）	（　　　）の		（　　　）の	
（4）	（　　　）の		（　　　）の	
（5）	（　　　）の		（　　　）の	

問題4 次の取引について，略式のT勘定に日付と金額を記入しなさい。なお，T勘定の右肩に
ある数字はページ数である。

4月1日 株主から現金￥1,000,000の出資を受けて，営業を開始した。

3日 パソコン￥140,000を購入し，代金は後日支払うことにした。

7日 中部商店より商品￥300,000を仕入れ，代金は掛とした。

10日 愛知商店に商品￥480,000（原価￥250,000）を販売し，代金は掛とした。

15日 商品売買の仲介を行い，手数料￥120,000を現金で受け取った。

20日 今月分の家賃￥50,000を現金で支払った。

22日 尾張広告社に広告宣伝費￥30,000を現金で支払った。

24日 中部商店に対する買掛金のうち￥80,000を現金で支払った。

25日 従業員に今月分の給料￥200,000を現金で支払った。

30日 愛知商店から売掛金￥100,000を現金で受け取った。

T勘定

現　　金　　　　1	売　掛　金　　　　2

	備　　品　　　　3

買　掛　金　　　　4	未　払　金　　　　5

資　本　金　　　　6	売　　上　　　　7

受取手数料　　　　8	仕　　入　　　　9

給　　料　　　　10	支　払　家　賃　　　11

広告宣伝費　　　　12	

問題5 次の４月中の勘定記録にもとづいて，Ｔ勘定（　？　）内に入る金額を推定し，下記の
取引の説明における空欄の番号①から⑧に入る適切な金額を記入しなさい。

	現	金	1
4/1	2,000,000	4/3	400,000
20	（　？　）	10	（　？　）
		25	（　？　）

	売	掛 金	2
4/15	600,000	4/20	100,000

	買	掛 金	3
4/25	150,000	4/10	200,000

	資	本 金	4
		4/1	（　？　）

	売	上	5
		4/15	（　？　）

	仕	入	6
4/3	（　？　）		
10	500,000		

［取　引］

４月１日　株主から現金¥（　　①　　）の出資を受けて，営業を開始した。

　　３日　中部商店より商品¥（　　②　　）を仕入れ，代金は現金で支払った。

　　10日　東海商店より商品¥（　　③　　）を仕入れ，代金のうち¥（　　④　　）
　　　　　は現金で支払い，残額¥（　　⑤　　）は掛とした。

　　15日　愛知商店に商品¥（　　⑥　　）を販売し，代金は掛とした。

　　20日　15日に販売した愛知商店に対する売掛金¥（　　⑦　　）を現金で回収し
　　　　　た。

　　25日　10日に仕入れた東海商店に対する買掛金のうち，¥（　　⑧　　）を現金
　　　　　で支払った。

①		②		③		④	
⑤		⑥		⑦		⑧	

第3章
仕訳と転記

> **ポイント**
>
> 　本章では，仕訳と仕訳帳への記入および総勘定元帳への転記の方法について説明します。
>
> 📖 **キーワード**
> 仕訳，貸借平均の原理，単純仕訳，複合仕訳，転記，帳簿，主要簿，補助簿，仕訳帳，総勘定元帳，勘定残高，照合

① 仕　訳

　簿記は1つの取引を二面的に把握して，資産，負債，資本，収益，費用の5つの会計要素を用いて2つ以上の勘定に分解して記録していきます。このように取引を借方の要素と貸方の要素に分解して記録することを**仕訳**といいます。

　たとえば，ある会社が「仕入先から商品¥50,000を掛けで仕入れた」取引について，仕訳の手順は，次のとおりです。

（1）取引を分析します。

　5つの要素（資産・負債・資本・収益・費用）のうち，どの要素の勘定がどれだけ増加・減少または発生・消滅したかを考えます。

　　　費用（仕入）が¥50,000発生　　　　負債（買掛金）が¥50,000増加

（2）取引を借方と貸方に分解します。

　借方－貸方のルールや取引要素の結合関係により，取引を各勘定の借方と貸方のどちらへ記入するかを決めます。T勘定で考えるとわかりやすいです。

　　　（借）費用（仕入）の発生 50,000　　　　（貸）負債（買掛金）の増加 50,000

仕 入		買 掛 金	
50,000			50,000
（費用の発生）			（負債の増加）

仕入勘定に借記し，買掛金勘定に貸記します。

（3）取引を仕訳します。

　勘定科目と金額を借方と貸方に分けて表示します。借方と貸方の金額はつねに一致します。これを**貸借平均の原理**といいます。

　　（借）仕　　　　入　50,000　　　　（貸）買　掛　金　50,000

例題3－1　次の取引について仕訳しなさい。

4月1日　現金￥1,000,000の出資を受けて，営業を開始した。

　3日　中部銀行から￥500,000を借り入れ，現金で受け取った。

　5日　愛知電器店よりパソコン￥200,000を購入し現金で支払った。

　7日　東海商店より商品￥400,000を仕入れ，代金は掛とした。

11日　営業用自動車￥300,000を購入し，代金は後日支払うことにした。

16日　愛知商事より事務用品・帳簿など￥10,000を購入し，現金で支払った。

20日　三河商店に商品￥350,000（原価￥250,000）を販売し，代金は掛とした。

22日　尾張商店より商品￥600,000を仕入れ，￥200,000を現金で支払い，残額は掛とした。

24日　長島商店に商品￥480,000（原価￥300,000）を販売し，代金のうち￥150,000を現金で受け取り，残額は掛とした。

25日　従業員に今月分の給料￥200,000を現金で支払った。

《解　答》

4月1日	（借）現　　　　金	1,000,000	（貸）資　本　金	1,000,000
3日	（借）現　　　　金	500,000	（貸）借　入　金	500,000
5日	（借）備　　　　品	200,000	（貸）現　　　　金	200,000
7日	（借）仕　　　　入	400,000	（貸）買　掛　金	400,000
11日	（借）車両運搬具	300,000	（貸）未　払　金	300,000
16日	（借）消　耗　品　費	10,000	（貸）現　　　　金	10,000
20日	（借）売　掛　金	350,000	（貸）売　　　　上	350,000

22日	（借）仕	入	600,000	（貸）現	金	200,000
				買 掛	金	400,000
24日	（借）現	金	150,000	（貸）売	上	480,000
	売 掛	金	330,000			
25日	（借）給	料	200,000	（貸）現	金	200,000

　取引は，勘定口座を用いて，借方と貸方に分解することが大切です。仕訳は，貸借平均の原理により，借方と貸方の金額は，つねに一致することを確認してください。

　また，4月1日から20日までと25日の仕訳のように，借方と貸方にそれぞれ1つずつ勘定を用いる仕訳を**単純仕訳**といいます。

　一方，4月22日および24日の仕訳では，借方または貸方に2つ以上の勘定が用いられています。このような仕訳を**複合仕訳**といいます。

② 転　記

　取引を分解して仕訳を行ったあとに，その内容を総勘定元帳の各勘定口座へ記入します。この手続きを**転記**といい，次の手順で行われます。

（1）仕訳の借方科目は，その勘定口座の借方に，日付，金額，相手科目の順に記入します。

（2）仕訳の貸方科目は，その勘定口座の貸方に，日付，金額，相手科目の順に記入します。

（3）仕訳で相手科目が複数ある複合仕訳の場合は，相手科目をまとめて「諸口^{しょくち}」と記入します。

転記の手続きを具体的に例題3－2で示せば，次のとおりになります。

> 例題3－2　次の取引について仕訳し，各勘定口座（T勘定）に転記しなさい。
> 　　　　　5月10日　中部銀行から現金￥800,000を借り入れた。
> 　　　　　5月15日　東海商店に商品￥300,000（原価￥220,000）を販売し，代金のうち￥100,000を現金で受け取り，残額は掛とした。

《解 答》

5 月 10 日

【仕 訳】

(借) 現　　　　金　800,000　　　(貸) 借 入 金　800,000

【転 記】

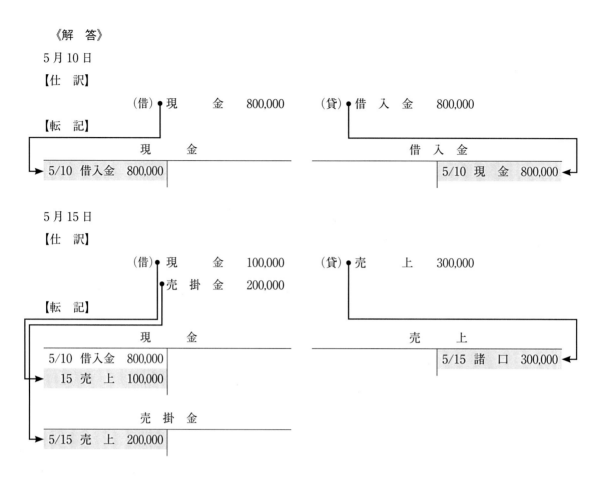

現　　　金

5/10 借入金　800,000

借 入 金

5/10 現　金　800,000

5 月 15 日

【仕 訳】

(借) 現　　　　金　100,000　　　(貸) 売　　　上　300,000
　　　売　掛　金　200,000

【転 記】

現　　　金

5/10 借入金　800,000
　　15 売　上　100,000

売　　　上

5/15 諸　口　300,000

売　掛　金

5/15 売　上　200,000

　転記する際は，日付，金額，相手科目の順に勘定口座へ記入します。

　ただし，5 月 15 日の仕訳は，相手科目が 2 つ以上になる複合仕訳です。この場合，転記に必要な相手科目には「諸口」と記入します。

③ 主要簿と補助簿

　すべての取引は仕訳され勘定口座に転記されますが，これらを記録する書類を**帳簿**といいます。帳簿には貸借対照表や損益計算書を作成するための基礎となる**主要簿**と，特定の取引や勘定の明細を記入する**補助簿**があります。図表 3 − 1 は，帳簿の種類を分類・整理したものです。

　主要簿は，仕訳と転記を正式に記入する帳簿で，仕訳帳と総勘定元帳があります。仕訳帳は，すべての取引を日付順に仕訳して記帳する帳簿です。総勘定元帳は，これまで略式の T 勘定で示してきましたが，勘定口座の正式な帳簿です。すべての取引の仕訳は仕訳帳に記帳され，総勘定元帳に転記されます。

　補助簿は，補助記入帳と補助元帳に分けられます。補助記入帳は特定の取引に関する明

細を，発生日順に記入する帳簿です。また，補助元帳はそれらを口座別に記入する帳簿です。なお，補助簿については関係する各章で説明し，ここでは特に重要な仕訳帳と総勘定元帳を取り上げます。

主要簿と補助簿の記録のしくみをまとめると図表3－2のようになります。

図表3－1　帳簿の種類

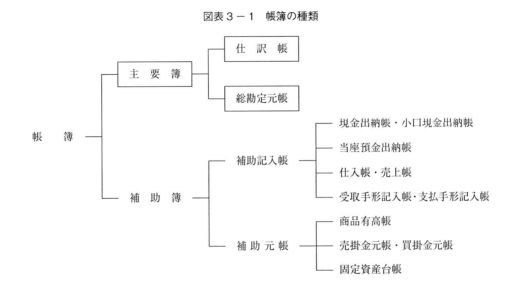

図表3－2　主要簿と補助簿の関係

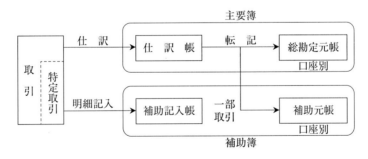

④ 仕訳帳

仕訳帳は取引を発生順に記入します。仕訳とは仕訳帳における取引の記録をいいます。仕訳は，借方および貸方であらわされたすべての取引の結果を示すもので，小書きが含まれます。仕訳帳の形式と記入方法は次のとおりです。

仕　訳　帳

X1年		摘　　　要	元丁	借　方	貸　方
4	1	（現　　金）		50,000	
		（資　本　金）			50,000
		現金の出資，営業開始			
		↰※区切り線は次の仕訳の直前に引きます。			

1. **日付欄**　取引の日付（年・月・日）を記入します。月がかわるまで日付だけを記入します。

2. **摘要欄**　最初の行に借記する各勘定科目を左端からカッコ書きで記入します。上の例では，現金勘定に借記することを示しています。この欄の次の行に貸記される勘定科目は，借記される勘定と区別するため，中央より右の位置にカッコ書きで記入します。上の例では，資本金勘定に貸記することを示しています。勘定科目が2科目以上あるときは，最初の行の左または右側の位置に「諸口」と記入します。貸記された勘定の下に，必要な取引の説明を左端から記入します。これは**小書き**といいます。各仕訳記入を区別するために，仕訳記入ごとに**区切り線**を引きます。区切り線は，仕訳の記入後ではなく，次の仕訳を記入する直前に引きます。

3. **元丁欄（転記欄）**　元丁欄は転記欄ともいいます。取引が総勘定元帳へ転記されるとき，その元帳のページ数または口座番号を記入します。元丁欄は，取引が勘定に転記されるまで空欄にしておきます。なお，転記の方法についてはあとで説明します。

4. **借方欄**　借記される各勘定科目の金額を記入します。

5. **貸方欄**　貸記される各勘定科目の金額を記入します。

　取引を仕訳帳へ記入する方法を次の例題で説明します。

例題3－3　次の取引を仕訳帳へ記入しなさい。

　　　7月1日　中部商事から事務用の机・いすを現金￥200,000で購入した。

　　　　10日　尾張商店から商品￥100,000を仕入れ，代金のうち￥30,000は現金で支払い，残額は掛とした。

　　　　15日　東海商店に商品￥120,000（原価￥80,000）を販売し，代金のうち￥50,000を現金で受け取り，残額は掛とした。

《解　答》

仕　訳　帳　　　　　　　　　　2

X1年		摘　　　要	元丁	借　　方	貸　　方
		前ページから		1,500,000	1,500,000
7	1	（備　　品）		200,000	
		（現　　金）			200,000
		中部商事より事務用備品購入			
	10	（仕　　入）　　諸　　口	省	100,000	
		（現　　金）			30,000
		（買　掛　金）			70,000
		尾張商店より仕入れ			
	15	諸　　口　　（売　　上）	略		120,000
		（現　　金）		50,000	
		（売　掛　金）		70,000	
		東海商店へ掛で売り上げ			
		※区切り線は次の仕訳の直前に引きます。			
		次ページへ		3,000,000	3,000,000

（注）元丁欄は省略しています。

　　仕訳帳の右肩にはページ数が示してあります。仕訳帳の各ページの最終行は金額欄の借方と貸方それぞれの合計を求め，貸借が一致することを確認します。また，摘要欄には「次ページへ」と記入します。

　　次ページでは摘要欄に「前ページから」と記入し，前ページの貸借合計を移記してから，仕訳の記入を行います。

⑤ 総勘定元帳

　　取引は，発生した順序で仕訳帳に記入したのち，**総勘定元帳**（元帳）の適切な勘定口座へ写します。これを転記といいます。元帳は会社のすべての勘定を集めたもので，勘定は，おもに貸借対照表勘定と損益計算書勘定に分けられます。

　　総勘定元帳には**標準式**と**残高式**の2つの形式があります。それぞれの元帳の形式は現金勘定を例に示すと次のとおりになります。

標準式総勘定元帳

現　　金　　　　　　　　　　　　　　　　1

X1年		摘　　要	仕丁	借　方	X1年		摘　　要	仕丁	貸　方
4	1	資　本　金	1	2,000,000	4	3	普　通　預　金	2	1,000,000

残高式総勘定元帳

現　　金　　　　　　　　　　　　　　　　1

X1年		摘　　要	仕丁	借　方	貸　方	借／貸	残　高
4	1	資　本　金	1	2,000,000		借	2,000,000
	3	普　通　預　金	2		1,000,000	〃	1,000,000

　標準式は，Ｔ勘定形式で借方と貸方それぞれに日付欄，摘要欄，仕丁欄を設ける形式です。残高式は，金額欄だけを借方と貸方に分け，さらに残高欄を設けてつねに現在の勘定残高を示します。

　上記の総勘定元帳の記入方法は次のように行います。なお，元帳の右肩にある数字はページ数をあらわします。ここに勘定口座番号が振られる場合もあります。

1. **日付欄**　仕訳帳の日付（月・日）を記入します。月がかわるまで日付だけを記入します。
2. **摘要欄**　仕訳の相手勘定科目を記入します。借方記入の場合は貸方の相手勘定，貸方記入の場合には借方の相手勘定を記入します。相手科目が複数ある場合（複合仕訳）は「諸口」と記入します。
3. **仕丁欄**　転記した仕訳が記入されている仕訳帳のページ数を記入します。同じページを繰り返し表記する場合は「　〃　」を記入します。
4. **借方欄**　仕訳帳に借記されている各勘定科目の金額を記入します。
5. **貸方欄**　仕訳帳に貸記されている各勘定科目の金額を記入します。

なお，残高式総勘定元帳には次の記入欄があります。

1. **借／貸欄**　右の残高欄に示されている金額が借方残高か貸方残高かを示します。通常は資産・費用勘定は借方残高となり，負債・資本・収益勘定は貸方残高となります。繰り返し表記する場合は仕丁欄と同様に「〃」を記入します。
2. **残高欄**　各勘定の貸借差額である残高を示します。

例題3－4 次の取引の仕訳を仕訳帳へ記入するとともに，標準式総勘定元帳へ転記しなさい。

  4月1日　株主から現金￥1,000,000の出資を受け，営業を開始した。

  4月10日　愛知商店から商品￥450,000を仕入れ，代金のうち￥100,000は現金で支払い残額は掛とした。

《解答》

仕　訳　帳　　　　　　　　1

X1年		摘　　要	元丁	借　方	貸　方
4	1	（現　　金）	1	1,000,000	
		（資　本　金）	8		1,000,000
		現金出資，営業開始			
4	10	（仕　　入）　　　諸　口	10	450,000	
		（現　　金）	1		100,000
		（買　掛　金）	5		350,000
		愛知商店より掛仕入れ			
		↰※区切り線は次の仕訳の直前に引きます。			

標準式総勘定元帳

現　　金　　　　　　　　1

X1年		摘　要	仕丁	借　方	X1年		摘　要	仕丁	貸　方
4	1	資　本　金	1	1,000,000	4	10	仕　　入	1	100,000

買　掛　金　　　　　　　　5

					X1年				
					4	10	仕　　入	1	350,000

資　本　金　　　　　　　　8

					X1年				
					4	1	現　　金	1	1,000,000

仕　　入　　　　　　　　10

X1年		摘　要	仕丁	借　方					
4	10	諸　　口	1	450,000					

残高式の総勘定元帳を示すと次のとおりです。

		現	金				1
X1年	摘 要	仕丁	借 方	貸 方	借/貸	残 高	
4　1	資　本　金	1	1,000,000		借	1,000,000	
10	仕　　　　入	〃		100,000	〃	900,000	

		買	掛	金			5
4　10	仕　　　　入	1		350,000	貸	350,000	

		資	本	金			8
4　1	現　　　　金	1		1,000,000	貸	1,000,000	

		仕	入				10
4　10	諸　　　　口	1	450,000		借	450,000	

4月10日の取引（現金勘定の仕丁欄と貸借欄）のように，摘要欄と金額欄以外は，同じ記入を行うときには繰り返しを避けるために，「〃」を記入します。

❻ 仕訳帳と元帳との照合

仕訳帳と元帳とは相互に照合されます。もともとの取引内容を調べたり，その取引の原因や効果を調べたりするためです。これを**照合**または**突合**といいます。照合は，（1）仕訳帳の元丁欄にある元帳の口座番号またはページ数と（2）総勘定元帳の仕丁欄にある仕訳帳のページ数を相互に調べます。照合は，記録された取引を，仕訳帳から総勘定元帳へ，あるいは総勘定元帳から仕訳帳へのいずれかにより行います。通常，仕訳帳の元丁欄には，転記される総勘定元帳の口座番号またはページ数を記入します。他方，総勘定元帳の仕丁欄には，仕訳帳で最初に記入された取引のページ数を記入します。このように仕訳帳のページ数を記入することによって，転記を照合することができます。

練習問題

問題1 次の取引について仕訳しなさい。なお，勘定科目は下記のなかから選びなさい。

現　　　金　普通預金　売掛金　備　　　品　買掛金
資　本　金　売　　　上　受取手数料　仕　　　入　給　　　料
支　払　家　賃

4月1日　株主から現金¥1,000,000の出資を受け，東海商店の営業を開始した。

2日　現金¥500,000を普通預金口座に預け入れた。

5日　小牧商事よりパソコン¥250,000を購入し，代金は現金で支払った。

8日　尾張商店より商品¥300,000を仕入れ，代金は掛とした。

10日　三河商店に商品¥260,000（原価¥170,000）を販売し，代金は掛とした。

16日　尾張商店に対する買掛金¥100,000を現金で支払った。

18日　商品売買の仲介を行い，愛知商店から手数料¥40,000を現金で受け取った。

20日　三河商店から売掛金¥160,000を現金で回収した。

25日　従業員に4月分の給料¥180,000を現金で支払った。

30日　天白不動産に今月分の家賃¥60,000を現金で支払った。

日付	借方科目	金　　額	貸方科目	金　　額
4月1日				
2日				
5日				
8日				
10日				
16日				
18日				
20日				
25日				
30日				

問題2 次の取引について仕訳し，略式の T 勘定に転記しなさい。

4月1日 株主から現金￥1,000,000 の出資を受け，東海商店の営業を開始した。

2日 現金￥200,000 を普通預金へ預け入れた。

4日 机・いす一式を￥40,000 で購入し，代金は現金で支払った。

6日 みよし銀行から現金￥400,000 を借り入れた。

12日 手数料￥360,000 を現金で受け取った。

14日 営業用自動車￥300,000 を購入し，現金で支払った。

20日 建物（倉庫）￥500,000 を購入し，現金で支払った。

25日 給料￥180,000 を現金で支払った。

28日 電気・ガス代￥15,000 を現金で支払った。

30日 借入金￥100,000 を利息￥3,000 とともに現金で返済した。

日付	借方科目	金　　額	貸方科目	金　　額
4月1日				
2日				
4日				
6日				
12日				
14日				
20日				
25日				
28日				
30日				

T 勘定

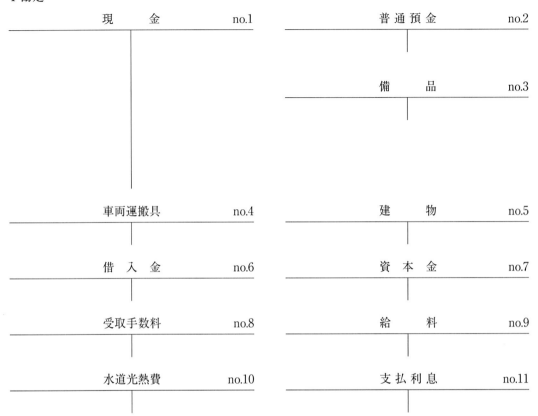

現　　　金　　no.1	普 通 預 金　　no.2
	備　　品　　no.3
車両運搬具　　no.4	建　　物　　no.5
借　入　金　　no.6	資　本　金　　no.7
受取手数料　　no.8	給　　料　　no.9
水道光熱費　　no.10	支 払 利 息　　no.11

問題3 次の5月中の取引を仕訳帳に記入しなさい。

　5月1日　みよし銀行から現金¥1,000,000を借り入れた。

　　10日　日進商店より商品¥450,000を仕入れ，代金のうち¥50,000は現金で支払い，残額は掛とした。

　　12日　豊田商店へ商品¥300,000（原価¥250,000）を販売し，代金のうち¥100,000は現金で受け取り，残額は掛とした。

　　18日　三河家具店から事務用机・いす¥150,000を購入し，代金は現金で支払った。

　　23日　岡崎文具店から事務用品¥8,000を購入し，現金で支払った。

　　25日　今月分の従業員給料¥300,000を現金で支払った。

　　30日　販売活動のため，タクシー代¥18,000を現金で支払った。

　　31日　みよし銀行に対する借入金のうち¥400,000を，利息¥8,000とともに現金で返済した。

X1年		摘　　　要	元丁	借　　方	貸　　方
4	1	前ページから		1,500,000	1,500,000

問題4 次の仕訳帳にもとづいて，標準式総勘定元帳へ転記しなさい。また，現金勘定と買掛金勘定の残高式総勘定元帳への転記も示しなさい。

仕　訳　帳

X1年		摘　　　要	元丁	借　方	貸　方
4	1	（現　　金）		1,800,000	
		（資　本　金）			1,800,000
		株主から出資，会社設立，営業開始			
	6	（仕　　入）　諸　　口		400,000	
		（現　　金）			150,000
		（買　掛　金）			250,000
		豊橋商店から仕入れ			
	10	諸　　口　　（売　　上）			300,000
		（現　　金）		100,000	
		（売　掛　金）		200,000	
		常滑商店へ売り上げ			
	21	（給　　料）		180,000	
		（現　　金）			180,000
		今月分給料支払い			
	29	（現　　金）		100,000	
		（売　掛　金）			100,000
		常滑商店より掛代金回収			
		次ページへ		2,780,000	2,780,000

標準式総勘定元帳

	現　　金						1

X1年	摘　　要	仕丁	借　方	X1年	摘　　要	仕丁	貸　方

	売　掛　金						2

	買　掛　金						3

	資　本　金						4

	売　　上						5

	仕　　入						6

	給　　料						7

残高式総勘定元帳

	現　　金					1

X1年	摘　　要	仕丁	借　方	貸　方	借/貸	残　高

	買　掛　金					3

問題5 次の4月中の取引を仕訳帳へ記入し，標準式総勘定元帳へ転記しなさい。ただし，小書きは省略すること。

4月1日 東海株式会社は，株主から現金¥2,000,000，建物¥3,000,000の出資を受けて開業した。

3日 天白銀行から現金¥3,000,000を借り入れた。

5日 小牧株式会社から商品¥390,000を仕入れ，代金は掛とした。

7日 名東商事よりパソコンを購入し，代金¥186,000は現金で支払った。

9日 日進文具店より消耗品を購入し，現金¥32,000を支払った。

12日 長久手株式会社に商品¥84,000（原価¥60,000）を販売し，代金のうち¥34,000は現金で受け取り，残額は掛とした。

14日 営業用自動車¥1,700,000を購入し，代金のうち¥350,000は現金で支払い，残額は後日支払うことにした。

15日 取引の仲介を行い，手数料¥46,000を現金で受け取った。

17日 昭和株式会社に現金¥400,000を貸し付けた。

19日 天白銀行に対して，借入金のうち¥500,000とその利息¥8,500を現金で支払った。

21日 従業員に対して今月分の給料¥250,000を現金で支払った。

23日 小牧株式会社に対する買掛金のうち，¥100,000を現金で支払った。

25日 新聞広告を出し，代金¥27,000を現金で支払った。

27日 長久手株式会社に対する売掛金のうち¥34,000を現金で回収した。

29日 従業員の販売活動に係る旅費交通費¥38,000を現金で支払った。

30日 店舗の地代¥60,000を現金で支払った。

仕　訳　帳

1

X1年	摘　　要	元丁	借　方	貸　方

標準式総勘定元帳

現　　金　　　　　　　　　　1

X1年	摘　要	仕丁	借　方	X1年	摘　要	仕丁	貸　方

売　掛　金　　　　　　　　　　2

貸　付　金　　　　　　　　　　3

備　　品　　　　　　　　　　4

車両運搬具　　　　　　　　　　5

買　掛　金　　　　　　　　　　6

未　払　金　　　　　　　　　　7

借　入　金　　　　　　　　　　8

資　本　金　　　　　　　　　　9

売　　上　　　　　　　　　　10

受取手数料　　　　　　　　11

仕　　　入　　　　　　　　12

給　　　料　　　　　　　　13

広告宣伝費　　　　　　　　14

旅費交通費　　　　　　　　15

消耗品費　　　　　　　　　16

支払地代　　　　　　　　　17

支払利息　　　　　　　　　18

第4章
決算（その1）

ポイント

　本章では，3種類の試算表の作成を説明し，残高試算表から貸借対照表および損益計算書を作成する手順について説明します。

📖 **キーワード**

合計試算表，残高試算表，合計残高試算表，決算振替仕訳，損益勘定，精算表，試算表等式，貸借対照表等式，損益計算書等式，貸借対照表，損益計算書，繰越試算表

① 決　算

　会社は，財政状態や経営成績を明らかにするために，一定期間（通常は1年間）を会計期間に区切って，決算を行います。決算は，会計期末に行われ，その日を決算日といいます。決算では，図表4-1に示す一連の手続きを経て，貸借対照表と損益計算書を作成します。なお，決算手続きは，予備手続きと本手続きにわけて行います。

図表4-1　決算手続き

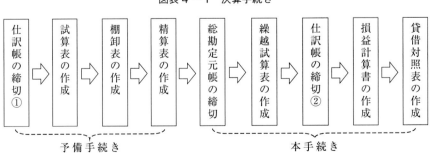

仕訳帳の締切① ⇒ 試算表の作成 ⇒ 棚卸表の作成 ⇒ 精算表の作成 ⇒ 総勘定元帳の締切 ⇒ 繰越試算表の作成 ⇒ 仕訳帳の締切② ⇒ 損益計算書の作成 ⇒ 貸借対照表の作成

予備手続き　　　　　　　　　　　本手続き

② 仕訳帳の締切

　決算では，仕訳帳に記入されている最後の仕訳のあとに合計線（1本線）を引き，そこまでの合計金額を記入して，図表4-2のように締切線（2本線）を2ヵ所引いて締め切ります。締切①は，決算前までの期中仕訳を締め切るためのものです。締切②は，締切①のあとに行う決算仕訳を締め切るためのものです。

図表4-2　仕訳帳の締切

小書き（最後の仕訳）			
		×××	××× 締切①
決算仕訳			
		×××	××× 締切②

③ 試算表

　試算表（trial balance：T/B）には，(1) **合計試算表**（trial balance of totals），(2) **残高試算表**（trial balance of balances），および (3) **合計残高試算表**（trial balance of totals and balances）の3種類があります。いずれの試算表も，貸借平均の原理が作用して，借方と貸方の合計金額は必ず一致します。合計試算表の借方と貸方の合計が一致すること，さらに合計試算表の合計と仕訳帳の合計が一致することによって，仕訳帳から総勘定元帳への転記の正確性を検証することができます。

　ただし，この検証機能は，完全に確実なものではありません。なぜなら，①貸借金額は一致していても勘定科目を間違えている，②同じ金額だけ貸借金額を間違えている，③貸借反対に間違えているなどの誤りがある場合には，正確性は担保されません。

　合 計 試 算 表 ⇒ 各勘定口座の借方と貸方の合計を集計した表です。
　残 高 試 算 表 ⇒ 各勘定口座の借方合計と貸方合計との差額である残高を集計した表です。
　合計残高試算表 ⇒ 合計試算表と残高試算表を組み合わせた表です。

例題4-1 次の期末（X2年3月31日）の勘定口座の記録から，合計試算表と残高試算表を作成しなさい。なお，期首と期末の商品はないものとする。

現　　金　　1		売　掛　金　　2		備　　品　　3	
29,300	15,460	7,500	4,000	10,000	

買　掛　金　　4		借　入　金　　5		資　本　金　　6	
8,000	11,000		4,000		20,000 ※

売　　上　　7		仕　　入　　8		通　信　費　　9	
	8,400	6,400		600	

支　払　家　賃　　10		支　払　利　息　　11	
960		100	

※期中に資本金の変動がなければ，資本金は期首資本の金額になります。したがって，試算表には期首資本の金額が記入されることに注意してください。期首資本を記入する理由については，第5節　精算表で詳しく説明します。

《解　答》

合　計　試　算　表
X2年3月31日

借　　方	元丁	勘　定　科　目	貸　　方
29,300	1	現　　　　　金	15,460
7,500	2	売　　掛　　金	4,000
10,000	3	備　　　　　品	
8,000	4	買　　掛　　金	11,000
	5	借　　入　　金	4,000
	6	資　　本　　金	20,000
	7	売　　　　　上	8,400
6,400	8	仕　　　　　入	
600	9	通　　信　　費	
960	10	支　払　家　賃	
100	11	支　払　利　息	
62,860			62,860

残　高　試　算　表
X2年3月31日

借　　方	元丁	勘　定　科　目	貸　　方
13,840	1	現　　　　　金	
3,500	2	売　　掛　　金	
10,000	3	備　　　　　品	
	4	買　　掛　　金	3,000
	5	借　　入　　金	4,000
	6	資　　本　　金	20,000
	7	売　　　　　上	8,400
6,400	8	仕　　　　　入	
600	9	通　　信　　費	
960	10	支　払　家　賃	
100	11	支　払　利　息	
35,400			35,400

例題4-2 例題4-1の勘定口座の記録から合計残高試算表を作成しなさい。

《解　答》

合計残高試算表
X2年3月31日

借　方		元丁	勘定科目	貸　方	
残　高	合　計			合　計	残　高
13,840	29,300	1	現　　　　金	15,460	
3,500	7,500	2	売　掛　金	4,000	
10,000	10,000	3	備　　　品		
	8,000	4	買　掛　金	11,000	3,000
		5	借　入　金	4,000	4,000
		6	資　本　金	20,000	20,000
		7	売　　　上	8,400	8,400
6,400	6,400	8	仕　　　入		
600	600	9	通　信　費		
960	960	10	支　払　家　賃		
100	100	11	支　払　利　息		
35,400	62,860			62,860	35,400

❹ 勘定の締切

　総勘定元帳への転記の正確性が，試算表と仕訳帳によって確認できたら，次に総勘定元帳の各勘定を締め切ります。

（1）収益・費用勘定の締切

　収益・費用勘定は，**決算振替仕訳**によって，それぞれの残高を**損益勘定**へ振り替えて締め切ります。決算振替仕訳には，以下の3つの仕訳があります。

① 収益勘定の残高を損益勘定へ振り替える仕訳
② 費用勘定の残高を損益勘定へ振り替える仕訳
③ 損益勘定の残高を，繰越利益剰余金勘定（株式会社の場合）へ振り替える仕訳

　まず，振替仕訳について説明します。たとえば，A勘定の貸方残高をB勘定の貸方へ振り替える仕訳は，㋐（借）A勘定×××／（貸）B勘定×××となります。㋐の仕訳によって，移動元A勘定の貸借合計は一致して，残高はゼロになり，A勘定の貸方残高は，移動先であるB勘定の貸方へ振り替えられます。この振替仕訳㋐は，図表4−3に示すとおりです。

　次に，A勘定の借方残高をB勘定の借方へ振り替える仕訳は，㋑（借）B勘定×××

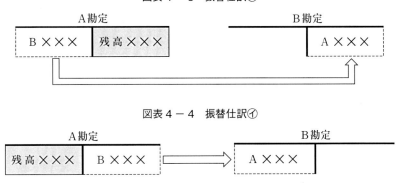

図表4-3　振替仕訳㋐

A勘定

B×××　　残高×××

B勘定

A×××

図表4-4　振替仕訳㋑

A勘定

残高×××　　B×××　　⇒

B勘定

A×××

／（貸）A勘定×××となります。㋑の仕訳によって，移動元A勘定の貸借合計は一致して，残高はゼロになり，A勘定の借方残高は，移動先であるB勘定の借方へ振り替えられます。この振替仕訳㋑は，図表4-4に示すとおりです。

収益（A勘定）の貸方残高を，損益（B勘定）の貸方へ移動させる①の仕訳は，振替仕訳㋐と同じになるので，（借）収益×××／（貸）損益×××となります。

費用（A勘定）の借方残高を，損益（B勘定）の借方へ移動させる②の仕訳は，振替仕訳㋑と同じになるので，（借）損益×××／（貸）費用×××となります。

株式会社の場合，損益の残高を，繰越利益剰余金へ移動させる③の仕訳には，2つのパターンがあります。1つ目の損益（A勘定）の貸方残高を，繰越利益剰余金（B勘定）の貸方へ移動させる仕訳は，振替仕訳㋐と同じになるので，（借）損益×××／（貸）繰越利益剰余金×××となります。これは，費用より収益が大きい場合ですから，利益を振り替えるための仕訳になります。

2つ目の損益（A勘定）の借方残高を，繰越利益剰余金（B勘定）の借方へ移動させる仕訳は，振替仕訳㋑と同じになるので，（借）繰越利益剰余金×××／（貸）損益×××となります。これは，収益より費用が大きい場合ですから，損失を振り替えるための仕訳になります。

なお，個人企業の場合，損益勘定の残高は，資本金勘定へ振り替えます。

収益・費用勘定と損益勘定は，決算振替仕訳を行うことによって，貸借が一致して締め切られます。

例題4-3　例題4-1の勘定口座の記録から決算振替仕訳を行って，収益・費用勘定と損益勘定を締め切りなさい。

《解　答》

《決算振替仕訳》

日付	借　　　方		貸　　　方	
3/31	売　　　　　上	8,400	損　　　　　益	8,400
〃	損　　　　　益	8,060	仕　　　　　入	6,400
			通　信　費	600
			支　払　家　賃	960
			支　払　利　息	100
〃	損　　　　　益	340	繰越利益剰余金	340

	売　　　上	7		
3/31 損　益	8,400		8,400	

	仕　　　入	8		
	6,400	3/31 損　益	6,400	

	通　信　費	9		
	600	3/31 損　益	600	

	支　払　家　賃	10		
	960	3/31 損　益	960	

	支　払　利　息	11		
	100	3/31 損　益	100	

	損　　　益	12		
3/31 仕　　入	6,400	3/31 売　上	8,400
〃　通　信　費	600		
〃　支払家賃	960		
〃　支払利息	100		
〃　繰越利益剰余金	340		
	8,400		8,400

　　　収益・費用勘定の振替仕訳を損益勘定へ転記するときは，相手勘定に「諸口」を使わず1つ1
つ別々に転記します。

（2）資産・負債・資本勘定の締切

　資産・負債・資本勘定の締切方法には，英米式と大陸式があります。ここでは，英米式について説明します。英米式による資産・負債・資本勘定の締切では，収益・費用勘定のように決算振替仕訳を行う必要はありません。資産勘定は，必ず借方残高になるので，貸方に借方と一致させるために必要な金額を「**次期繰越**」と赤で記入して締め切ります。締切が終わったら，次の行の借方に，繰越金額を「前期繰越」と黒で記入します。

　負債勘定と資本勘定は，必ず貸方残高となるので，借方を貸方と一致させるために必要な金額を「**次期繰越**」と赤で記入して締め切ります。締切が終わったら，次の行の貸方に，繰越金額を「前期繰越」と黒で記入します。

例題4－4　例題4－1の勘定口座の記録から資産・負債・資本勘定を英米式によって締め切りなさい。

現　　　金	1		売　掛　金	2		備　　　品	3
29,300	15,460		7,500	4,000		10,000	

買　掛　金	4		借　入　金	5		資　本　金	6
8,000	11,000			4,000			20,000

繰越利益剰余金	13

《解　答》

	現　　　金		1
	29,300		15,460
		3/31　次期繰越	13,840
	29,300		29,300
4/1　前期繰越	13,840		

	売　掛　金		2
	7,500		4,000
		3/31　次期繰越	3,500
	7,500		7,500
4/1　前期繰越	3,500		

	備　　　品		3
	10,000	3/31　次期繰越	10,000
4/1　前期繰越	10,000		

	買　掛　金		4
	8,000		11,000
3/31　次期繰越	3,000		
	11,000		11,000
		4/1　前期繰越	3,000

	借　入　金		5
3/31　次期繰越	4,000		4,000
		4/1　前期繰越	4,000

	資　本　金		6
3/31　次期繰越	20,000		20,000
		4/1　前期繰越	20,000

	繰越利益剰余金		13
3/31　次期繰越	340	3/31　損　　益	340
		4/1　前期繰越	340

⑤ 精算表

　残高試算表が作成できれば，貸借対照表と損益計算書を作成するための下書きとして，6桁の**精算表**（work sheet）を作成します。最初に，残高試算表の金額を，精算表の残高試算表欄へ間違いなく写しとります。次に，残高試算表欄の資産・負債・資本の金額は，貸借対照表欄へ移動し，収益・費用の金額は，損益計算書欄へ移動します。この精算表は，6桁精算表といわれます。

　残高試算表は，借方合計＝貸方合計ですから，期末資産＋期間費用＝期末負債＋期首資本＋期間収益という等式が成立しています。この等式は，**試算表等式**とよばれます。試算表等式は，利益または損失がゼロのとき，期末資産＝期末負債＋期首資本と期間費用＝期間収益の2つの等式に分解することができます。しかしながら，利益または損失がゼロで

はないときには，期末資産≠期末負債＋期首資本と期間費用≠期間収益の２つの不等式に分解されます。つまり，期末資産－期末負債－期首資本＝X，期間収益－期間費用＝X，X≠０という関係が成立します。このXは，利益または損失です。したがって，利益または損失がゼロではないときは，貸借対照表に移動した借方合計と貸方合計は一致しません。また，損益計算書に移動した借方合計と貸方合計も一致しません。Xがプラス，すなわち利益になる場合には，貸借対照表は借方合計が多くなります。損益計算書は逆に貸方合計が多くなります。また，Xがマイナス，すなわち損失になる場合には，貸借対照表は貸方合計が多くなり，損益計算書は逆に借方合計が多くなります。

　そこで，Xがプラス（利益）の場合，貸借対照表欄の貸方にXを加えれば，①期末資産＝期末負債＋期首資本＋Xという等式が成立します。また，Xがマイナス（損失）の場合，貸借対照表欄の借方にXを加えれば，②期末資産＋X＝期末負債＋期首資本という等式が成立します。期首資本＋利益（または－損失）は期末資本に等しいから，①と②の等式は，資産＝負債＋資本という**貸借対照表等式**に整理することができます。

　さらに，Xがプラス（利益）の場合，損益計算書欄の借方にXを加えれば，③期間費用＋X＝期間収益という等式が成立します。また，Xがマイナス（損失）の場合，損益計算書欄の貸方にXを加えれば，④期間費用＝期間収益＋Xという等式が成立します。③と④の等式は，費用＋利益＝収益または費用＝収益＋損失という**損益計算書等式**に整理することができます。

> **例題４－５**　例題４－１の残高試算表から精算表を作成しなさい。

《解　答》

精　算　表
X2年３月31日

勘 定 科 目	残高試算表		損益計算書		貸借対照表	
	借　方	貸　方	借　方	貸　方	借　方	貸　方
現　　　　金	13,840				13,840	
売　掛　金	3,500				3,500	
備　　　　品	10,000				10,000	
買　掛　金		3,000				3,000
借　入　金		4,000				4,000
資　本　金		20,000				20,000
売　　　　上		8,400		8,400		
仕　　　　入	6,400		6,400			
通　信　費	600		600			
支　払　家　賃	960		960			
支　払　利　息	100		100			
当 期 純 利 益			**340**			340
	35,400	35,400	8,400	8,400	27,340	27,340

精算表の勘定科目と残高試算表欄の金額は，残高試算表から書き写します。次に，現金から資本金までの残高試算表欄の金額を，貸借対照表欄へ移動させ，売上から支払利息までの残高試算表欄の金額を，損益計算書欄へ移動させます。最後に，それぞれの欄の合計を計算すると，貸借どちらか一方が同じ金額だけ不足します。この例題では，損益計算書欄の借方合計と貸借対照表欄の貸方合計がそれぞれ¥340だけ不足しています。不足している方に不足額を記入すれば，それぞれの欄の貸借合計は一致します。この例題の不足額の組み合わせは，利益になるパターンですから，勘定科目欄に赤で当期純利益と記入し，損益計算書欄の不足額も赤で記入します。貸借対照表欄の不足額は黒で記入します。

　不足額のもう1つの組み合わせは，損益計算書欄の貸方合計と貸借対照表欄の借方合計がそれぞれ不足する場合です。このときは，損失になるパターンですから，勘定科目欄に赤で当期純損失と記入し，損益計算書欄の不足額も赤で記入します。貸借対照表欄の不足額は黒で記入します。なお，この2つ以外の組み合わせのパターンは，絶対にありません。

　精算表の締切は，例題の解答のように合計線（1本線）と締切線（2本線）を引く方法と，図表4－5のように合計線と締切線を引く方法もあります。線を引く場合，正式には，定規を使って赤色の線を引かなければなりません。なお，印刷の関係から，ここでは，赤色をゴシックで示しています。

図表4－5　精算表の締切

支 払 利 息	100		100			
	35,400	35,400				
当 期 純 利 益			**340**			340
			8,400	8,400	27,340	27,340

❻ 貸借対照表と損益計算書

　貸借対照表（balance sheet：B/S）は，精算表の貸借対照表欄から資産・負債・資本を取り出して作成します。**損益計算書**（profit and loss statement：P/L）も，精算表の損益計算書欄から収益・費用を取り出して作成します。

> 例題4－6　例題4－5の精算表から貸借対照表と損益計算書を作成しなさい。

《解 答》

貸 借 対 照 表

○○（株）　　　　　　　　X2 年 3 月 31 日

資　産	金　額	負債・純資産	金　額
現　　　金	13,840	買　掛　金	3,000
売　掛　金	3,500	借　入　金	4,000
備　　　品	10,000	資　本　金	20,000
		繰越利益剰余金	340
	27,340		27,340

損 益 計 算 書

○○（株）　　X1 年 4 月 1 日から X2 年 3 月 31 日まで

費　用	金　額	収　益	金　額
売 上 原 価	6,400	売　上　高	8,400
通　信　費	600		
支 払 家 賃	960		
支 払 利 息	100		
当期純利益	**340**		
	8,400		8,400

※繰越利益剰余金期首残高はゼロとします。

※損益計算書には，仕入を売上原価，売上を売上高と記入します。

⑦ 繰越試算表

　貸借対照表は，本来，精算表からではなく，**繰越試算表**（post-closing trial balance）から作成します。繰越試算表は，資産・負債・資本の各勘定を締め切ったさいに記入される次期繰越を集めた表です。なお，損益計算書も，本来，精算表からではなく，損益計算書の下書きである損益勘定から作成します。

> 例題 4 − 7　　例題 4 − 4 の英米式によって締め切った資産・負債・資本勘定から，繰越試算表を作成しなさい。

《解 答》

繰 越 試 算 表

X2 年 3 月 31 日

借　　方	元丁	勘 定 科 目	貸　　方
13,840	1	現　　　　金	
3,500	2	売　掛　　金	
10,000	3	備　　　　品	
	4	買　掛　　金	3,000
	5	借　入　　金	4,000
	6	資　本　　金	20,000
	13	繰越利益剰余金	340
27,340			27,340

練習問題

問題1 次の決算振替仕訳を示しなさい。

（1）受取手数料勘定の貸方残高¥30,000を損益勘定へ振り替える仕訳

（2）広告料勘定の借方残高¥20,000を損益勘定へ振り替える仕訳

（3）損益勘定の貸方残高¥100,000を繰越利益剰余金勘定へ振り替える仕訳（株式会社の場合）

（4）損益勘定の借方残高¥80,000を繰越利益剰余金勘定へ振り替える仕訳（株式会社の場合）

（5）損益勘定の貸方残高¥100,000を資本金勘定へ振り替える仕訳（個人企業の場合）

（6）損益勘定の借方残高¥80,000を資本金勘定へ振り替える仕訳（個人企業の場合）

	借方科目	金　額	貸方科目	金　額
（1）				
（2）				
（3）				
（4）				
（5）				
（6）				

問題2 （株）名古屋商会の勘定口座の記録から，決算振替仕訳を行いなさい。ただし，会計期間はX1年1月1日からX1年12月31日とする。なお，期首と期末の商品はないものとする。

現　　金　　1	売　掛　金　　2	備　　品　　3
493,800 | 288,600	555,000 | 432,000	126,000 |

買　掛　金　　4	資　本　金　　5	売　　上　　6
276,000 | 379,200	| 300,000	| 810,000

受　取　利　息　7	仕　　入　　8	給　　料　　9
| 4,200	693,600 |	40,800 |

通　信　費　　10	支　払　家　賃　11	消　耗　品　費　12
3,000 |	14,400 |	11,400 |

《決算振替仕訳》

日付	借　　方	貸　　方
12/31		
〃		
〃		

問題3 問題2の（株）名古屋商会の勘定口座を英米式によって締め切りなさい。

現　　金　　　　　　1

売　掛　金　　　　　2

備　　品　　　　　　3

買　掛　金　　　　　4

資　本　金　　　　　5

売　　上　　　　　　6

受　取　利　息　　　7

仕　　入　　　　　　8

給　　料　　　　　　9

通　信　費　　　　　10

支　払　家　賃　　　11

消　耗　品　費　　　12

損　　　　益　　　　　　　　　　　　13

繰越利益剰余金　　　　　　　　　　14

問題4 問題2の（株）名古屋商会の勘定口座の記録から，合計試算表を作成しなさい。

合　計　試　算　表
X1 年 12 月 31 日

借　　　方	元丁	勘 定 科 目	貸　　　方
	1	現　　　　　金	
	2	売　　掛　　金	
	3	備　　　　　品	
	4	買　　掛　　金	
	5	資　　本　　金	
	6	売　　　　　上	
	7	受　取　利　息	
	8	仕　　　　　入	
	9	給　　　　　料	
	10	通　　信　　費	
	11	支　払　家　賃	
	12	消　耗　品　費	

[問題5] 問題2の（株）名古屋商会の勘定口座の記録から，残高試算表を作成しなさい。

残 高 試 算 表
X1 年 12 月 31 日

借　　方	元丁	勘 定 科 目	貸　　方
	1	現　　　　　金	
	2	売　　掛　　金	
	3	備　　　　　品	
	4	買　　掛　　金	
	5	資　　本　　金	
	6	売　　　　　上	
	7	受　取　利　息	
	8	仕　　　　　入	
	9	給　　　　　料	
	10	通　　信　　費	
	11	支　払　家　賃	
	12	消　耗　品　費	

問題6　問題2の（株）名古屋商会の勘定口座の記録から，合計残高試算表を作成しなさい。

合計残高試算表
X1 年 12 月 31 日

借　方		元丁	勘定科目	貸　方	
残　高	合　計			合　計	残　高
		1	現　　　金		
		2	売　掛　金		
		3	備　　　品		
		4	買　掛　金		
		5	資　本　金		
		6	売　　　上		
		7	受　取　利　息		
		8	仕　　　入		
		9	給　　　料		
		10	通　信　費		
		11	支　払　家　賃		
		12	消　耗　品　費		

問題7 問題5の（株）名古屋商会の残高試算表から，精算表を作成しなさい。

精 算 表
X1年 月 日

勘定科目	残高試算表 借方	残高試算表 貸方	損益計算書 借方	損益計算書 貸方	貸借対照表 借方	貸借対照表 貸方
現　　　金						
売　掛　金						
備　　　品						
買　掛　金						
資　本　金						
売　　　上						
受　取　利　息						
仕　　　入						
給　　　料						
通　信　費						
支　払　家　賃						
消　耗　品　費						

問題8 問題7の（株）名古屋商会の精算表から，貸借対照表を作成しなさい。

貸 借 対 照 表

（株）名古屋商会　　　　　　X1年12月31日　　　　　　（単位：円）

資　産	金　額	負債・純資産	金　額

問題9 問題7の（株）名古屋商会の精算表から，損益計算書を作成しなさい。

損 益 計 算 書

（株）名古屋商会　　　X1年1月1日からX1年12月31日まで　　　　　　　　（単位：円）

費　　用	金　　額	収　　益	金　　額

問題10 問題3の解答から，繰越試算表を作成しなさい。

繰 越 試 算 表

X1年12月31日

借　　方	元丁	勘 定 科 目	貸　　方

第5章
現金預金

ポイント
　本章では，現金預金の取引について説明します。

📖 キーワード
　現金，現金出納帳，現金過不足，小口現金，小口現金出納帳，当座預金，当座借越，その他の預金

① 現　金

　現金とは，通貨（硬貨および紙幣）および通貨代用証券（他人振出小切手，株式配当金領収証，送金小切手，郵便為替証書，期限到来日済公社債利札など）です。通貨代用証券は，銀行などの窓口に提示すれば，記載金額に換金してもらえるので，受け取った場合には**現金勘定**を用いて処理します。

例題5−1　次の取引を仕訳しなさい。
　　　① 名古屋商店は，大阪商店に商品￥200,000を販売し，代金は同店振り出しの小切手で受け取った。
　　　② 京都商店は，横浜商店から商品を仕入れ，代金￥200,000は現金で支払った。

《解　答》
① 現　　　金　200,000　　売　　　上　200,000
② 仕　　　入　120,000　　現　　　金　120,000

② 現金出納帳

現金の受け取りまたは支払いがあったときは，主要簿である仕訳帳に記帳してから，総勘定元帳にある現金勘定へ転記します。主要簿のほかに，現金収支の記録は，補助簿である**現金出納帳**に記帳します。現金出納帳の収入欄には，借方に現金勘定がある仕訳を記入し，支出欄には，貸方に現金勘定がある仕訳を記入します。

現金出納帳

X1年		摘　　　　要	収　入	支　出	残　高
7	1	前月繰越	264,000		264,000
	5	名古屋商店から売掛金回収　　小切手	200,000		464,000
	15	郵便切手・ハガキ購入		8,000	456,000
	18	大阪商店へ売上　　　　送金小切手	300,000		756,000
	25	今月分給料支払い		192,000	564,000
	31	**次月繰越**		**564,000**	
			764,000	764,000	
8	1	前月繰越	564,000		564,000

③ 現金過不足

現金の手許（実際）有高と帳簿有高は一致しないことがあります。この場合には，不一致が判明した時点で一時的に**現金過不足勘定**を用いて処理し，原因が判明したときに適切な勘定科目に振り替えます。

なお，決算日になっても原因が判明しない場合には，雑損勘定または雑益勘定に振り替えて，現金過不足勘定の残高をゼロにします。

例題5−2　次の取引を仕訳しなさい。

① 現金の帳簿有高は¥80,000であるが，調査したところ手許有高は¥65,000であった。

② 上記の不足額のうち¥12,000は，旅費支払いの記入漏れであることが判明した。

③ 決算日になっても，残りの不足額¥3,000については，原因が判明しなかった。

《解　答》

①	現金過不足	15,000	現　　金	15,000
②	旅　　費	12,000	現金過不足	12,000
③	雑　　損	3,000	現金過不足	3,000

❹ 小口現金

　　小口現金とは，日常的に必要となる諸雑費（たとえば切手代やタクシー代など）の支払いのために，担当者が保有する現金のことをいいます。小口現金については現金勘定と区別して小口現金勘定を設けて処理します。

　　小口現金の支給方法には，随時補給制と定額資金前渡制の2種類があります。随時補給制は計画性がなく，資金が不足するごとに現金等を補給する方法で，小口現金勘定は設けない方法です。定額資金前渡制は，一定期間の所要見込額をあらかじめ担当者（用度係）に前渡しする方法で，インプレスト・システムともよばれます。担当者は一定期間後に支払高を報告し，その額だけ補給を受けるため，一定時点で一定金額が前渡しされていることになります。

例題5－3　次の一連の取引を仕訳しなさい。

（1）定額資金前渡制により，用度係に小口現金として￥50,000の現金を前渡しした。

（2）週末に用度係から，次のような支払い報告を受けた。

ハ ガ キ 代　￥5,000　　タクシー代　￥8,000

消 耗 品 費　￥12,000　　光 熱 費　￥8,000

雑　　　費　￥6,000

（3）報告を受けたあと，ただちに用度係へ現金￥39,000を補給した。

《解　答》

（1）	小 口 現 金	50,000	現　　金	50,000
（2）	通 信 費	5,000	小 口 現 金	39,000
	交 通 費	8,000		
	消 耗 品 費	12,000		
	光 熱 費	8,000		
	雑　　費	6,000		
（3）	小 口 現 金	39,000	現　　金	39,000

⑤ 小口現金出納帳

小口現金出納帳は，担当者が保有する小口現金の使途を記録するための補助簿です。小口現金の補給を受けた場合は受入欄に記入します。支払った場合は支払欄に記入して，その内訳を内訳欄にも記入します。

例題5－4 定額資金前渡制（インプレスト・システム）により毎週土曜日に支払いの報告を行い，ただちに資金の補給を受けている。

X1年6月2日（月）電　話　代	￥5,000
3日（火）タクシー代	6,000
4日（水）電　気　代	8,000
5日（木）文　房　具	15,000
6日（金）切　手　代	3,000
7日（土）新　聞　代	4,000

《解　答》

小口現金出納帳

受　　入	日	付	摘　　要	支　　払	内　　　　　　　訳 交通費	通信費	光熱費	雑　費
50,000	6	1	前　週　繰　越					
		2	電　話　代	5,000		5,000		
		3	タ　ク　シ　ー　代	6,000	6,000			
		4	電　気　代	8,000			8,000	
		5	文　房　具	15,000				15,000
		7	切　手　代	3,000		3,000		
		〃	新　聞　代	4,000				4,000
			合　　計	41,000	6,000	8,000	8,000	19,000
41,000	7		本　日　補　給					
		〃	**次　週　繰　越**	50,000				
91,000				91,000				
50,000	6	8	前　週　繰　越					

<翻週月曜日に報告を行い，ただちに資金の補給を受ける場合>

				41,000	6,000	8,000	8,000	19,000
		合	計	41,000	6,000	8,000	8,000	19,000
	7	次　週　繰　越		9,000				
50,000				50,000				
9,000	6	9	前　週　繰　越					
41,000	〃	本　日　補　給						

⑥ 当座預金

企業が小切手を振り出すために，銀行に預け入れた預金額（**当座預金**）が必要です。小切手を振り出した場合には，当座預金勘定を用います。ここで重要なのは，自己振出小切手と他人振出小切手の区別です。

小切手「振出」の場合
　自己振出小切手　　　○　○　○　×××　　　当 座 預 金　×××
小切手「受領」の場合
　他人振出小切手　　　現　　　金　×××　　　○　○　○　×××
　自己振出小切手　　　当 座 預 金　×××　　　○　○　○　×××

⑦ 当座借越契約

小切手の振出行為は，当座預金勘定残高を限度として行われます。これにかえて，残高に関係なく一定額までは小切手を振り出せる契約が結ばれます。この契約を**当座借越契約**といいます。この契約を結んでいるときの勘定処理には，次の2種類があります。

二勘定制 …… 当座預金勘定と当座借越勘定（借越が生じたとき）とで処理します。
一勘定制 …… 借越が生じたか否かに関係なく，当座勘定で一括して処理します。

なお，期中の当座預金に関する取引をすべて当座預金勘定だけで処理する簡便な方法もあります。この方法によれば，期末の当座預金残高が貸方にある場合，その残高を当座借越勘定へ振り替えるために，（借）当座預金×××／（貸）当座借越×××の仕訳を行って当座預金勘定残高をゼロにします。

例題5－5　次の一連の取引を，二勘定制と一勘定制それぞれで仕訳しなさい。

(1) 城東銀行に当座預金口座を開設して，現金¥100,000を預け入れた。また，同時に銀行と当座借越契約（借越限度額¥100,000）を締結した。

(2) 備品¥80,000を購入し，代金は小切手を振り出して支払った。

(3) 神戸（株）より貸付金の利息として，同社振り出しの小切手¥30,000を受け取り，ただちに当座預金に預け入れた。

(4) 配達用としてオートバイ¥120,000を購入し，代金は小切手を振り出して支払った。

(5) 北九州商店より貸付金の返済を受け，同店振り出しの小切手¥150,000を受け取り，ただちに当座預金に預け入れた。

《解　答》

区分取引	二 勘 定 制				一 勘 定 制			
	借　　方	金　額	貸　　方	金　額	借　　方	金　額	貸　　方	金　額
(1)	当 座 預 金	100,000	現　　　金	100,000	当　　座	100,000	現　　　金	100,000
(2)	備　　品	80,000	当 座 預 金	80,000	備　　品	80,000	当　　座	80,000
(3)	当 座 預 金	30,000	受 取 利 息	30,000	当　　座	30,000	受 取 利 息	30,000
(4)	車両運搬具	120,000	当 座 預 金 当 座 借 越	50,000 70,000	車両運搬具	120,000	当　　座	120,000
(5)	当 座 借 越 当 座 預 金	70,000 80,000	貸 付 金	150,000	当　　座	150,000	貸 付 金	150,000

⑧ 当座預金出納帳

当座預金出納帳は，当座預金の預け入れと引き出しを記録して，残高を管理するための補助簿です。当座預金勘定が借方にある仕訳は，当座預金出納帳の預入欄に記入し，貸方にある仕訳は，引出欄に記入します。記入の方法は，現金出納帳とよく似ていますが，当座預金出納帳には「借または貸」欄があります。この欄は，当座預金の残高がプラスであれば「借」，マイナスであれば「貸」と記入します。現金出納帳は，貸方残高になることはありませんが，当座預金出納帳は，当座借越契約の範囲内であれば，貸方残高になることがあります。当座預金残高が貸方，すなわちマイナスになることを当座借越といいます。

例題5－6　次の一連の取引を，当座預金出納帳に記入して締め切りなさい。ただし，銀行とは限度額￥200,000の当座借越契約を結んでいる。

X1年5月10日　現金￥100,000を当座預金に預け入れた。

15日　京都（株）から手数料として同社振り出しの小切手￥60,000を受け取り，ただちに当座預金に預け入れた。

19日　横浜（株）に備品代金￥250,000について小切手￥200,000を振り出し，残額は現金で支払った。

25日　今月の家賃￥40,000を，小切手を振り出して支払った。

《解　答》

当座預金出納帳

日付		摘　　　　要	預　　入	引　　出	借または貸	残　　高
5	1	前　月　繰　越	50,000		借	50,000
	10	現　金　預　入	100,000		〃	150,000
	15	手　数　料　受　取	60,000		〃	210,000
	19	備　品　購　入		200,000	〃	10,000
	25	家　賃　支　払		40,000	貸	30,000
	31	次　月　繰　越　※	30,000			
			240,000	240,000		
6	1	前　月　繰　越　※		30,000	貸	30,000

※25日の残高が「借」であれば，次月繰越額は貸方に，前月繰越額は借方に記入します。

❾ その他の預金

　当座預金以外に，普通預金や定期預金口座など，その他の種類の預金口座を開設している場合には，口座種や銀行名を勘定科目として設定することがあります。

例題5－7　次の取引を仕訳しなさい。

①　城西銀行に普通預金を開設し，現金￥200,000を預け入れた。

②　城南銀行に定期預金を開設し，現金￥200,000を預け入れた。

《解　答》

①　普通預金城西銀行　200,000　　　現　金　200,000

②　定期預金城南銀行　200,000　　　現　金　200,000

練習問題

問題1 次の取引を仕訳し，現金出納帳に記入しなさい。現金出納帳は月末に締め切ること。なお，¥264,000 の前月繰越がある。

7月5日 長崎商店から売掛金¥200,000 を同店振り出しの小切手で回収した。

7日 福岡家具店から金庫¥420,000 を購入し，代金は当店振り出しの小切手で支払った。

11日 宮崎商店から手数料¥50,000 を当店振り出しの小切手で受け取った。

15日 郵便切手とハガキ¥8,000 を現金で購入し，ただちに使用した。

18日 大分商店から手数料¥30,000 を送金小切手で受け取った。

25日 今月分の給料¥192,000 を現金で支払った。

30日 佐賀商店の買掛金¥400,000 を，大分商店振り出しの小切手で支払った。

	借 方 科 目	金 額	貸 方 科 目	金 額
7/5				
7				
11				
15				
18				
25				

現金出納帳

X1年	摘 要	収 入	支 出	残 高

問題2 次の取引を仕訳しなさい。
　① 現金の帳簿有高は¥90,000であるが，調査したところ手許有高は¥95,000であった。
　② 上記の過剰額のうち¥3,000は，手数料受け取りの記入漏れであることが判明した。
　③ 決算日になっても，残りの過剰額の原因は不明であった。
　④ 現金の帳簿有高は¥60,000であるが，調査したところ手許有高は¥58,000であった。
　⑤ 上記の不足額は，通信費の支払いの記入漏れであることが判明した。

	借　方　科　目	金　　額	貸　方　科　目	金　　額
①				
②				
③				
④				
⑤				

問題3 次の取引を仕訳しなさい。
　① 札幌商店から手数料¥15,000の支払いを受けたが，そのうち¥10,000は現金で受け取り，残りは同店振り出しの小切手で受け取った。
　② 福岡（株）より備品¥150,000を購入し，代金は小切手を振り出して支払った。ただし，当座預金残高は¥100,000で，当座借越契約（借越限度額¥300,000）を結んでいる。なお，当社では，当座借越について二勘定制を採用している。
　③ 広島（株）への貸付金に対する利息¥5,000を，同社振り出しの小切手で受け取り，ただちに当座預金に預け入れた。
　④ 仙台（株）に対する貸付金¥500,000を，同社振り出しの小切手で受け取り，ただちに当座預金に預け入れた。ただし，当座借越残高が¥300,000あり，二勘定制を採用している。

	借　方　科　目	金　　額	貸　方　科　目	金　　額
①				
②				
③				
④				

問題4 定額資金前渡制を採用している A 商店の小口現金係が小口現金から支払った内容は，下記のとおりである。よって，

(1) 小口現金出納帳に記入して締め切りなさい。なお，8月1日の小口現金有高は，¥30,000 である。また，8月31日に小口現金係から会計係に対して，8月中の支払いに関する次の報告があったので，支払額と同額の小切手を振り出して補給した。

(2) 8月31日に会計係が行う仕訳を示しなさい。

6日	帳簿・ノート	¥1,450	9日	電話料金	¥8,200
13日	新聞代	¥3,670	17日	郵便切手代	¥1,200
19日	タクシー代	¥6,250	23日	文房具代	¥2,140
28日	郵便ハガキ	¥2,500			

(1)

小口現金出納帳

受　入	X1年	摘　　　要	支　払	内　　　　訳			
				通信費	消耗品費	交通費	雑費

(2)

日付	借　　　　　方	貸　　　　　方

問題5 次の一連の取引を，当座預金出納帳に記入して締め切りなさい。

6月5日　城西銀行本店と当座取引契約を結び，現金¥100,000を預け入れた。また，同時に当座借越契約（限度額¥300,000）も結んだ。

10日　備品¥300,000を購入し，代金のうち半額を現金で支払い，残りは小切手を振り出して支払った。

15日　名古屋（株）から取次手数料¥80,000を，同社振り出しの小切手で受け取って，ただちに当座預金に預け入れた。

25日　電気代¥12,000を，小切手を振り出して支払った。

当座預金出納帳

日付	摘　　要	預　入	引　出	借または貸	残　高

問題6 次の取引を仕訳しなさい。ただし，預金は種類別に分け，銀行名をつけている。

① 城北銀行に普通預金を開設し，現金¥300,000を預け入れた。

② 城東銀行に定期預金を開設し，現金¥500,000を預け入れた。

	借　方　科　目	金　　額	貸　方　科　目	金　　額
①				
②				

第 6 章
商 品

> **ポイント**
>   本章では，商品売買取引について説明します。
>
> 📖キーワード
>   分記法，3分法，諸掛と返品・値引，仕入帳，売上帳，商品有高帳，
>   移動平均法，先入先出法，売上原価の算定

① 分記法

　分記法は，商品売買に関する取引を，商品（資産勘定）と商品売買益（収益勘定）の2つの勘定によって処理する方法です。分記法によれば，商品の購入は商品で処理し，販売は商品と商品売買益で処理します。

> **例題6−1**　次の取引を，分記法で仕訳しなさい。
>   ①　商品￥100,000を仕入れ，代金は現金で支払った。
>   ②　￥100,000で仕入れた商品を￥150,000で販売し，代金は現金で受け取った。

《解　答》

①	商　　　品	100,000	現　　　金	100,000	
②	現　　　金	150,000	商　　　品	100,000	
			商品売買益	50,000	

② 3分法

　3分法は，商品売買に関する取引を，仕入（費用勘定），売上（収益勘定）および繰越商

品（資産勘定）の３つの勘定によって処理する方法です。３分法によれば，商品の購入は仕入で処理し，販売は売上で処理します。

例題６－２　次の取引を，３分法で仕訳しなさい。
　　　　　① 　商品￥100,000 を仕入れ，代金は現金で支払った。
　　　　　② 　商品￥150,000 を販売し，代金は現金で受け取った。

《解　答》
① 仕　　　　入　　100,000　　　現　　　　金　　100,000
② 現　　　　金　　150,000　　　売　　　　上　　150,000

③ 諸掛と返品・値引

　商品売買に関する取引における，①引取費用（仕入諸掛），②発送費用，③返品，についての処理について取り上げます。

① 　引取費用の処理
　　　　　当方負担の場合　　　　　　…… 仕入に算入
　　　　　先方（仕入先）負担の場合 …… 立替金を使用
　　　　　　　仕　　　　入　　×××⑦　買　掛　金　　×××⑦
　　　　　　　立　替　金　　×××　　　現　　　　金　　×××⑦
　　　　　　　　　　または，買掛金と相殺
　　　　　　　仕　　　　入　　×××⑦　買　掛　金　　×××⑦－⑦
　　　　　　　　　　　　　　　　　　　現　　　　金　　×××⑦

② 　発送費用の処理
　　　　　当方負担の場合　　　　　　…… 発送費を使用
　　　　　先方（販売先）負担の場合 …… 売掛金に算入
　　　　　　　売　掛　金　　×××　　　売　　　　上　　×××
　　　　　　　　　　　　　　　　　　　現　　　　金　　×××

③ 　返品の処理
　　　　　商品を返品した場合
　　　　　…… 仕入勘定の貸借差額は，決算までは純仕入高を意味します。返品は純仕入
　　　　　　　高減少を意味します。
　　　　　　　買　掛　金　　×××　　　仕　　　　入　　×××

値引きを受けた場合も純仕入高の減少を意味します。

買　掛　金　×××　　　　仕　　　　入　　×××

商品の返品を受けた場合

…… 売上勘定の貸借差額は，純売上高を意味します。返品は純売上高の減少を
意味します（掛取引の場合）。

売　　　　上　　×××　　　　売　掛　金　　×××

値引きをした場合も純売上高の減少を意味します。

売　　　　上　　×××　　　　売　掛　金　　×××

例題6－3　次の取引を，3分法で仕訳しなさい。

① 名古屋商店より商品￥150,000 を仕入れ，代金は現金で支払った。この際
に，引取費用￥15,000 を現金で支払ったが，これは当社が負担する。

② 大阪商店へ商品￥400,000 を販売し，代金は同店振り出しの小切手を受け
取った。この際に発送費￥20,000 を，小切手を振り出して支払ったが，こ
れは当社が負担する。

③ 名古屋商店より仕入れた商品のうち￥50,000 は，品違いのため返品した。
返品分について，同店振り出しの小切手を受け取った。

《解　答》

①	仕　　　　入	165,000	現　　　　金	165,000
②	現　　　　金	400,000	売　　　　上	400,000
	発　送　費	20,000	当　座　預　金	20,000
③	現　　　　金	50,000	仕　　　　入	50,000

---

④ 仕入帳

　仕入勘定を使って仕訳したときは，仕入帳と商品有高帳の2つの補助簿に記入します。
なお，商品有高帳の説明は，6節で行います。**仕入帳**は，借方仕入の仕訳を黒で，貸方仕
入の仕訳を赤で記入します。取引ごとの摘要欄の最初の行には会社名と決済方法を，改行
して品名・個数・単価を商品ごとに記入します。商品が2種類以上ある場合には，内訳欄
に商品ごとの金額を記入してから合計線（1本線）を引き，合計額を金額欄に記入します。
摘要欄の取引と取引の間には，区切線（1本線）を引きます。

　仕入帳の締切は，以下のとおりです。

① 　下から3行目の摘要欄に「総仕入高」と黒で記入し，金額欄に黒字の金額合計を，

日付欄に月末の日付を黒で記入し，金額欄の上に合計線（1本線）を引きます。

② 下から2行目の摘要欄に「仕入戻し（仕入返品）高」，「仕入値引高」または「仕入戻し・値引高」と赤で記入し，金額欄に赤字の金額合計を，日付欄に月末の日付を赤で記入します。

③ 最後の行の摘要欄に「純仕入高」と黒で記入し，金額欄に総仕入高から仕入戻し・値引高を差し引いた金額を黒で記入しますが，日付は記入しません。なお，金額欄の上に合計線（1本線），下に締切線（2本線）を引き，日付欄の下にも締切線（2本線）を引きます。

例題6−4 次の取引を仕入帳に記入して締め切りなさい。

　3月1日 京都商店から次のとおり商品を仕入れ，引取運賃￥300とともに現金で支払った。

　　　甲商品 10個 @￥5,000

　10日 横浜商店から次のとおり商品を掛で仕入れた。

　　　乙商品 6個 @￥3,000

　　　丙商品 4個 @￥4,000

　20日 横浜商店から仕入れた乙商品のうち2個を品違いのため返品した。

《解 答》

仕 入 帳

X1年		摘　　　　要		内　訳	金　額
3	1	京都商店	現金		
		甲商品 10個 @￥5,000		50,000	
		引取運賃現金払い		300	50,300
	10	横浜商店	掛		
		乙商品 6個 @￥3,000		18,000	
		丙商品 4個 @￥4,000		16,000	34,000
	20	横浜商店	掛返品		
		乙商品 2個 @￥3,000			6,000
	31		総仕入高		84,300
	〃		仕入戻し高		6,000
			純仕入高		78,300

⑤ 売上帳

売上勘定を使って仕訳したときは，売上帳と商品有高帳の2つの補助簿に記入します。**売上帳**は，貸方売上の仕訳を黒で，借方売上の仕訳を赤で記入します。取引ごとの摘要欄の最初の行には会社名と決済方法を，改行して品名・個数・単価を商品ごとに記入します。商品が2種類以上ある場合には，内訳欄に商品ごとの金額を記入してから合計線（1本線）を引き，合計額を金額欄に記入します。摘要欄の取引と取引の間には，区切線（1本線）を引きます。

売上帳の締切は，以下のとおりです。

① 下から3行目の摘要欄に「総売上高」と黒で記入し，金額欄に黒字の金額合計を，日付欄に月末の日付を黒で記入し，金額欄の上に合計線（1本線）を引きます。

② 下から2行目の摘要欄に「売上戻り（売上返品）高」，「売上値引高」または「売上戻り・値引高」と赤で記入し，金額欄に赤字の金額合計を，日付欄に月末の日付を赤で記入します。

③ 最後の行の摘要欄に「純売上高」と黒で記入し，金額欄に総売上高から売上戻り・値引高を差し引いた金額を黒で記入しますが，日付は記入しません。なお，金額欄の上に合計線（1本線），下に締切線（2本線）を引き，日付欄の下にも締切線（2本線）を引きます。

例題6−5 次の取引を売上帳に記入して締め切りなさい。

4月1日 神戸商店に次のとおり商品を売り渡し，代金は掛とした。

B商品 20個 @￥3,000

5日 北九州商店に次のとおり商品を売り渡し，代金のうち￥20,000を現金で受け取り，残額は掛とした。

D商品 13個 @￥2,000

E商品 14個 @￥800

10日 神戸商店に売り渡した商品について次のとおり値引きを承諾した。

B商品 3個 @￥100

20日 札幌商店に次のとおり商品を売り渡し，代金は同店振り出しの小切手で受け取った。なお，発送費￥500は現金で支払った。

G商品 15個 @￥1,000

H商品 10個 @￥500

《解 答》

売 上 帳

X1年		摘　　　　要		内　　訳	金　　額
4	1	神戸商店	掛		
		B商品　20個　@¥3,000			60,000
	5	北九州商店	諸口		
		D商品　13個　@¥2,000		26,000	
		E商品　14個　@¥800		11,200	37,200
	10	**神戸商店**	**掛値引**		
		B商品　3個　@¥100			**300**
	20	札幌商店	小切手		
		G商品　15個　@¥1,000		15,000	
		H商品　10個　@¥500		5,000	20,000
	30		総売上高		117,200
	〃		**売上値引高**		**300**
			純売上高		116,900

⑥ 商品有高帳

商品有高帳の記帳方法には，（1）**移動平均法**や（2）**先入先出法**などがあります。

（1）移動平均法

　商品を仕入れたときは，まず仕入れた商品のデータをそのまま受入欄に記入します。引取費を支払ったときは，仕入金額に加え，その金額を受入数量で割って，受入単価を修正しなければなりません。仕入れた商品を返品したときは，受入欄のデータで引渡欄に記入して，残高を修正します。仕入れた商品が値引きされたときは，引渡欄に値引きのデータを記入して，残高を修正します。

　また，商品を仕入れるたびに，**移動平均単価**（（直前の残高欄の金額＋仕入金額）÷（直前の残高欄の数量＋仕入数量）＝単価）を計算して，残高欄に記入します。

　商品を売ったときは，引渡欄に記入します。数量はそのまま記入し，単価は，販売単価ではなく，残高欄にある直近の移動平均単価を使って，金額を計算し記入します。売った商品が返品されたときは，引渡欄に記入したデータで受入欄に記入します。売った商品を値引きしたときは，処理をせずそのままにしておきます。

　商品有高帳は，補助簿ですから1ヵ月ごとに締め切ります。締切は，以下の手順で行います。

① 最後の取引の次の行に，月末の日付と摘要欄に「次月繰越」と記入し，引渡欄に残高欄の最後の数量・単価・金額を記入します。この行は，すべて赤で記入します。
② 受入欄と引渡欄に数量と合計を記入します。2つの欄の数量と合計は，必ず一致します。
③ 合計行には，受入欄と引渡欄の上に合計線（1本線）を引き，摘要欄以外の欄の下に締切線（2本線）を引きます。
④ 合計行の次の行に，日付と前月繰越（摘要欄）を記入し，受入欄と残高欄に次月繰越の数量・単価・金額を記入します。この行は，すべて黒で記入します。

（2）先入先出法

商品を仕入れたときは，まず仕入れた商品のデータをそのまま受入欄に記入します。引取費を支払ったときは，仕入金額に加え，その金額を受入数量で割って，受入単価を修正しなければなりません。残高欄には，単価が異なる商品を古い順に記入し，2行以上になる場合は，中括弧（{）で括ります。仕入れた商品を返品したときは，受入欄のデータで引渡欄に記入します。仕入れた商品が値引きされたときは，引渡欄に値引きのデータを記入して，残高を修正します。

商品を売ったときは，残高欄にある古い商品から順に払い出して引渡欄へ記入していきます。このとき2行以上になる場合は，中括弧（{）で括ります。売った商品が返品されてきたときは，引渡欄に記入したデータで受入欄に記入します。売った商品を値引きしたときは，処理をせずそのままにしておきます。締切方法は，移動平均法に準じて行います。

例題6－6　下記の資料にもとづいて，（1）移動平均法と（2）先入先出法によって商品有高帳に記入しなさい。また，あわせて（1）および（2）の方法により7月中の売上高，売上原価および売上総利益も計算しなさい。なお，帳簿も締め切りなさい。

7月1日	前 月 繰 越	40台	@￥460	
5日	仕　　入	100台	@￥460	
10日	売　　上	90台	@￥600	（売価）
20日	仕　　入	100台	@￥490	
25日	売　　上	100台	@￥650	（売価）

《解答》

（1）移動平均法

商品有高帳
A 品 　　　　　　　　　　単位 台

X1年		摘　要	受　入			引　渡			残　高		
			数量	単価	金額	数量	単価	金額	数量	単価	金額
7	1	前月繰越	40	460	18,400				40	460	18,400
	5	仕　入	100	460	46,000				140	460	64,400
	10	売　上				90	460	41,400	50	460	23,000
	20	仕　入	100	490	49,000				150	① 480	72,000
	25	売　上				100	480	48,000	50	480	24,000
	31	次月繰越				50	480	24,000			
			240		113,400	240		113,400			
8	1	前月繰越	50	480	24,000				50	480	24,000

売上高	売上原価	売上総利益
¥119,000 ※1	¥89,400 ※2	¥29,600 ※3

① ¥480 ＝（¥23,000 ＋ ¥49,000）÷（50台 ＋ 100台）
※1　¥119,000 ＝ 90台×@¥600 ＋ 100台×@¥650
※2　¥89,400 ＝ ¥41,400 ＋ ¥48,000
※3　¥29,600 ＝ ¥119,000 － ¥89,400

（2）先入先出法

商品有高帳
A 品 　　　　　　　　　　単位 台

X1年		摘　要	受　入			引　渡			残　高		
			数量	単価	金額	数量	単価	金額	数量	単価	金額
7	1	前月繰越	40	460	18,400				40	460	18,400
	5	仕　入	100	460	46,000				140	460	64,400
	10	売　上				90	460	41,400	50	460	23,000
	20	仕　入	100	490	49,000				{ 50	460	23,000
									100	490	49,000
	25	売　上				{ 50	460	23,000	50	490	24,500
						50	490	24,500			
	31	次月繰越				50	490	24,500			
			240		113,400	240		113,400			
8	1	前月繰越	50	490	24,500				50	490	24,500

売上高	売上原価	売上総利益
¥119,000 ※1	¥88,900 ※2	¥30,100 ※3

※1　¥119,000 ＝ 90台×@¥600 ＋ 100台×@¥650
※2　¥88,900 ＝ ¥41,400 ＋ ¥23,000 ＋ ¥24,500
※3　¥30,100 ＝ ¥119,000 － ¥88,900

❼ 売上原価の算定

　純損益の計算は，一定期間に区切って行われます。購入した商品は，その同一期間内に売れ残りが生じるのが通常です。売上原価は，販売した商品の原価ですから，売れ残り品については除外する必要があります。

　この売上原価に関する処理（算定場所）は，決算整理事項として「仕入勘定」「繰越商品勘定」の記入がなされます。

　期首商品棚卸高（前期の売れ残り）を仕入勘定の借方へ記入する。

　　仕　　　入　　×××　　　繰越商品　　×××

　期末商品棚卸高（当期の売れ残り）を仕入勘定の貸方へ記入する。

　　繰越商品　　×××　　　仕　　　入　　×××

例題6－7　期首商品棚卸高￥10,000，期末商品棚卸高￥20,000の決算整理仕訳を記入しなさい。

《解　答》

仕　　　入	10,000	繰越商品	10,000
繰越商品	20,000	仕　　　入	20,000

例題6－8　次の諸資料を参照しながら，決算振替仕訳，および仕入・売上・損益の記入を示しなさい。

　　　　期首商品棚卸高　　￥30,000

　　　　総 仕 入 高　￥465,000　　仕 入 戻 し 高　￥50,000

　　　　総 売 上 高　￥400,000　　期末商品棚卸高　￥80,000

《解　答》

仕　入（決算整理前）

| 当期総仕入高
¥465,000 | 返　品 ¥50,000 |
| | 当期純仕入高
¥415,000 |

当期販売可能額

仕　入（決算整理後）

当期総仕入高 ¥465,000	返　品 ¥50,000
	繰越商品 ¥80,000
	①損　益 ¥365,000
繰越商品 ¥30,000	

損　益

| ①仕入（売上原価）
¥365,000 | ②売　上
¥400,000 |
| 売上総利益
¥35,000 | |

売　上

| ②損　益
¥400,000 | 売上高
¥400,000 |

決算振替仕訳

| ① | 損　益 | 365,000 | 仕　入 | 365,000 |
| ② | 売　上 | 400,000 | 損　益 | 400,000 |

80

練習問題

....

問題1 　大阪商店の2月中の取引について，仕入帳と買掛金勘定に記入して，仕入帳を締め切り
なさい。ただし，商品に関する勘定は3分法によること。

　　　　取　　　　　引
　　　2月6日　京都商店から次の商品を仕入れ，代金は掛とした。
　　　　　　　　A品　　　300個　　　@￥200　　　￥60,000
　　　　　　　　B品　　　400個　　　@￥400　　　￥160,000
　　　　7日　京都商店から仕入れた上記商品の一部に品違いがあったので，次のとおり
　　　　　　　返品した。なお，この代金は買掛金から差し引くことにした。
　　　　　　　　B品　　　10個　　　@￥400　　　￥4,000
　　　21日　岡山商店から次の商品を仕入れ，代金のうち￥50,000については小切手を
　　　　　　　振り出して支払い，残額は掛とした。
　　　　　　　　A品　　　200個　　　@￥211　　　￥42,200
　　　　　　　　B品　　　100個　　　@￥578　　　￥57,800
　　　28日　岡山商店に対する買掛金の一部￥100,000を現金で支払った。

仕　　入　　帳　　　　　　1

X1年	摘　　　　　要	内　訳	金　額

総　勘　定　元　帳

買　掛　金　　　　　　　　　14

X1年	摘　　要	仕丁	借　　方	X1年	摘　　要	仕丁	貸　　方
				2	1	前 期 繰 越	✓	320,000

問題2 大阪商店の2月中の取引について，売上帳と売掛金勘定に記入して，売上帳を締め切り
なさい。ただし，商品に関する勘定は3分法によること。

取　　　　　引

2月14日　石川商店に次の商品を売り渡し，代金は掛とした。

　　　　　　A品　　210個　　@¥595　　¥124,950

　　　　　　B品　　140個　　@¥630　　¥88,200

16日　石川商店に売り渡した上記商品の一部に品違いがあったので，次のとおり
返品された。なお，この代金は売掛金から差し引くことにした。

　　　　　　A品　　20個　　@¥595　　¥11,900

22日　福井商店に次の商品を売り渡し，代金のうち¥42,000は現金で受け取り，残
額は掛とした。

　　　　　　A品　　280個　　@¥350　　¥98,000

26日　福井商店から売掛金の一部¥196,000を同店振り出しの小切手で受け取り，
ただちに当座預金に預け入れた。

売　　上　　帳　　　　　　　　1

X1年	摘　　要	内　訳	金　額

X1年	摘　　要	仕丁	借　方	X1年	摘　　要	仕丁	貸　方
2　1	前　期　繰　越	✓	280,000				

問題3 2月中における大阪商店のA品に関する取引を，(1) 移動平均法と (2) 先入先出法によって商品有高帳へ記入し，締め切りなさい。なお，翌月の開始記入も示すこと。

取　　　　　　引

2月6日　京都商店から次の商品を仕入れ，代金は掛とした。

A品　　　300 個　　　@¥200　　　¥60,000

14日　石川商店に次の商品を売り渡し，代金は掛とした。

A品　　　210 個　　　@¥595　　　¥124,950

16日　石川商店に売り渡した上記商品の一部に品違いがあったので，次のとおり返品された。なお，この代金は売掛金から差し引くことにした。

A品　　　20 個　　　@¥595　　　¥11,900

21日　岡山商店から次の商品を仕入れ，代金のうち¥50,000 については小切手を振り出して支払い，残額は掛とした。

A品　　　200 個　　　@¥211　　　¥42,200

22日　福井商店に次の商品を売り渡し，代金のうち¥42,000 は現金で受け取り，残額は掛とした。

A品　　　280 個　　　@¥350　　　¥98,000

（1）移動平均法

商 品 有 高 帳

A 品　　　　　　　　　　　　　　　　　　　単位 個

X1年		摘　　　要	受	入		引	渡		残	高	
			数　量	単　価	金　額	数　量	単　価	金　　額	数　量	単　価	金　　額
2	1	前月繰越	50	214	10,700				50	214	10,700

（2）先入先出法

商 品 有 高 帳

A 品　　　　　　　　　　　　　　　　　　　単位 個

X1年		摘　　　要	受	入		引	渡		残	高	
			数　量	単　価	金　額	数　量	単　価	金　　額	数　量	単　価	金　　額
2	1	前月繰越	50	214	10,700				50	214	10,700

問題4 次の諸資料を参照しながら，下記の設問（①～④）を求めなさい。

期首商品棚卸高	¥300,000	総 仕 入 高	¥3,500,000
仕 入 戻 し 高	¥50,000	仕 入 値 引 高	¥80,000
総 売 上 高	¥5,000,000	売 上 戻 り 高	¥15,000
売 上 値 引 高	¥10,000	期末商品棚卸高	¥500,000

［設問］

① 純 仕 入 高　¥ [   ]

② 純 売 上 高　¥ [   ]

③ 売 上 原 価　¥ [   ]

④ 売上総利益　¥ [   ]

問題5 次の一連の取引を仕訳しなさい。

① 京都（株）より商品¥150,000を仕入れ，代金は現金で支払った。この際に，引取費用¥15,000を現金で支払ったが，これは当社が負担する。

② 横浜商店より商品¥300,000を仕入れ，代金は小切手を振り出して支払った。

③ 神戸（株）へ商品¥400,000を販売し，代金は同社振り出しの小切手を受け取った。発送費¥20,000は小切手を振り出して支払ったが，これは当社が負担する。

④ 京都（株）より仕入れた商品のうち¥50,000は，品違いのため返品した。返品分について，京都（株）振り出しの小切手を受け取った。

⑤ 決算日を迎え，期末商品棚卸高は¥80,000であった。なお，期首商品棚卸高は¥30,000であった。

	借 方 科 目	金 額	貸 方 科 目	金 額
①				
②				
③				
④				
⑤				

第7章
売掛金と買掛金

> **ポイント**
>
> 　本章では，売掛金と買掛金，売掛金元帳と買掛金元帳，貸倒れと貸倒引当金およびクレジット売掛金の処理について説明します。
>
> 📖 **キーワード**
>
> 信用取引，売掛金，買掛金，売上債権，仕入債務，売掛金元帳，買掛金元帳，人名勘定，統制勘定，貸倒損失，貸倒実績率，貸倒引当金，評価勘定，差額補充法，償却債権取立益，クレジット売掛金

① 売掛金と買掛金

　商品の売買またはサービスの提供・享受によって生じる代金の決済方法は，現金による決済のほか，後日に現金による決済を約束した**信用取引**による決済方法があります。これを掛取引といい，売掛金勘定（資産）と買掛金勘定（負債）を用いて処理します。掛取引の処理法は図表7－1に示しています。

　売掛金は，商品の販売・サービスの提供により生じる**売上債権**の1つです。これは企業のもつ債権のおもなもので，一般に，30日から60日以内に代金の回収が行われます。売掛金勘定には，商品を掛で販売したときに借方記入し，その代金を回収したときに貸方記入します。

　買掛金は，商品の仕入・サービスの享受によって生じる**仕入債務**の1つです。買掛金勘定には，商品を掛で仕入れたときに貸方記入し，その代金を支払ったときに借方記入します。

　売掛金と買掛金の記録は，売り手が買い手に対して，商品の販売時に請求書や納品書などの証ひょうを作成・送付したときに行います。また，売掛金の回収と買掛金の支払いの記録は，売り手が買い手に対して領収書を作成し送付したときに行います。

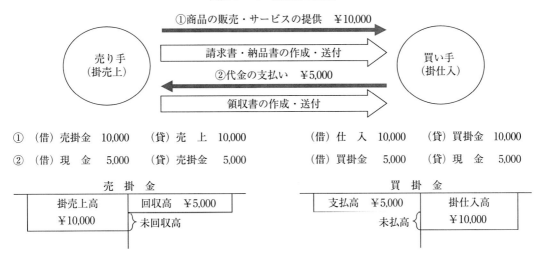

図表７－１　掛取引の処理

①商品の販売・サービスの提供　￥10,000

請求書・納品書の作成・送付

売り手
（掛売上）

買い手
（掛仕入）

②代金の支払い　￥5,000

領収書の作成・送付

① （借）売掛金 10,000　（貸）売　上 10,000　　（借）仕　入 10,000　（貸）買掛金 10,000

② （借）現　金 5,000　（貸）売掛金 5,000　　（借）買掛金 5,000　（貸）現　金 5,000

売　掛　金	
掛売上高 ￥10,000	回収高　￥5,000
	未回収高

買　掛　金	
支払高　￥5,000	掛仕入高 ￥10,000
未払高	

例題７－１　次の取引を仕訳しなさい。

9月1日　愛知商店より＠￥500のA商品1,000個を掛で仕入れた。

8日　岐阜商店より＠￥700のB商品300個を掛で仕入れた。

10日　三重商店へ上記A商品400個を￥300,000で，掛で販売した。

15日　静岡商店へ上記B商品50個を￥410,000で，掛で販売した。

20日　愛知商店に対する買掛金を現金で支払った。

28日　三重商店に対する売掛金が現金で回収された。

《解　答》

9月1日　（借）仕　　　入 500,000　（貸）買　掛　金 500,000

8日　（借）仕　　　入 210,000　（貸）買　掛　金 210,000

10日　（借）売　掛　金 300,000　（貸）売　　　上 300,000

15日　（借）売　掛　金 410,000　（貸）売　　　上 410,000

20日　（借）買　掛　金 500,000　（貸）現　　　金 500,000

28日　（借）現　　　金 300,000　（貸）売　掛　金 300,000

これらの取引について売掛金勘定と買掛金勘定を示すと次のとおりです。

売　掛　金			
9/10 売　　上	300,000	9/28 現　　金	300,000
15　　〃	410,000		

買　掛　金			
9/20 現　　金	500,000	9/1 仕　　入	500,000
		8　　〃	210,000

例題7-2 次の取引をそれぞれの商店の立場で仕訳しなさい。

（1）愛知株式会社は，東海株式会社より商品を仕入れて，商品とともに次の納品書兼請求書を受け取った。

X1年10月1日

納品書兼請求書

愛知株式会社　御中

東海株式会社

品　名	数　量	単　価	金　額
スポーツウェアー	20	¥4,000	¥80,000
ウインドブレーカー	10	6,000	60,000
ダウンジャケット	5	8,000	40,000
		合　計	¥180,000

X1年10月31日までに合計額を下記口座へお振込みください。
○○銀行尾張支店　普通1234567　トウカイ（カ

（2）名古屋株式会社は，中部株式会社に1ヵ月分（月末締め，翌月25日払い）の売上代金を集計して次の請求書を送付した。なお，名古屋株式会社は売上の記録を商品発送時ではなく，1ヵ月分をまとめて仕訳している。

X1年10月31日

請求書（控）

中部株式会社　御中

名古屋株式会社

品　名	数　量	単　価	金　額
ワイングラス	20	¥6,000	¥120,000
コーヒーカップ	30	3,000	90,000
タンブラー	10	5,000	50,000
		合　計	¥260,000

X1年11月25日までに合計額を下記口座へお振込みください。
○○銀行名古屋支店　普通0034567　ナゴヤ（カ

《解　答》

（1）愛知株式会社

（借）仕　　　入　180,000　　（貸）買　掛　金　180,000

東海株式会社

（借）売　掛　金　180,000　　（貸）売　　　上　180,000

（2）名古屋株式会社

（借）売　掛　金　260,000　　（貸）売　　　上　260,000

中部株式会社

（借）仕　　　入　260,000　　（貸）買　掛　金　260,000

② 売掛金元帳と買掛金元帳

　総勘定元帳の売掛金と買掛金には，すべての得意先と仕入先の掛債権・債務の総額と残高が示されます。しかしながら，取引先が多くなると，得意先または仕入先ごとの売掛金と買掛金の総額と残高を示す必要が生じます。そこで，**売掛金元帳（得意先元帳）**と**買掛金元帳（仕入先元帳）**という補助元帳を作成し，得意先・仕入先別の勘定を設けて，売掛金または買掛金の増減および残高を明らかにします。たとえば，掛売上をした時には，総勘定元帳である売掛金勘定に記入するとともに，取引先別の売掛金元帳に記入します。掛仕入の場合も同様です。

　売掛金元帳と買掛金元帳の借方と貸方のそれぞれの合計額は，総勘定元帳の売掛金および買掛金勘定の借方と貸方それぞれの合計額と一致します。これら補助元帳の勘定には，取引先ごとの**人名勘定**が用いられます。人名勘定は取引先別の商店名などを勘定科目にしたものです。一般的には補助簿に取引先別の人名勘定を用いますが，取引先が少ない場合には，人名勘定を総勘定元帳として用いる場合もあります。

　総勘定元帳の売掛金勘定と買掛金勘定は**統制勘定**といいます。総勘定元帳と売掛金元帳・買掛金元帳との関係は図表7－2のとおりです。

　これらの補助元帳では，得意先または仕入先ごとの売掛金残高または買掛金残高を検証する必要があります。そのため各残高をまとめた明細である**売掛金明細表**および**買掛金明細表**を作成します。これらの明細表に示される一定時点の取引先ごとの残高の合計は，総勘定元帳の売掛金・買掛金勘定残高と一致します。図表7－2にもとづいて売掛金明細表および買掛金明細表を作成したものが，図表7－3です。

図表７－２　総勘定元帳と売掛金元帳・買掛金元帳との関係

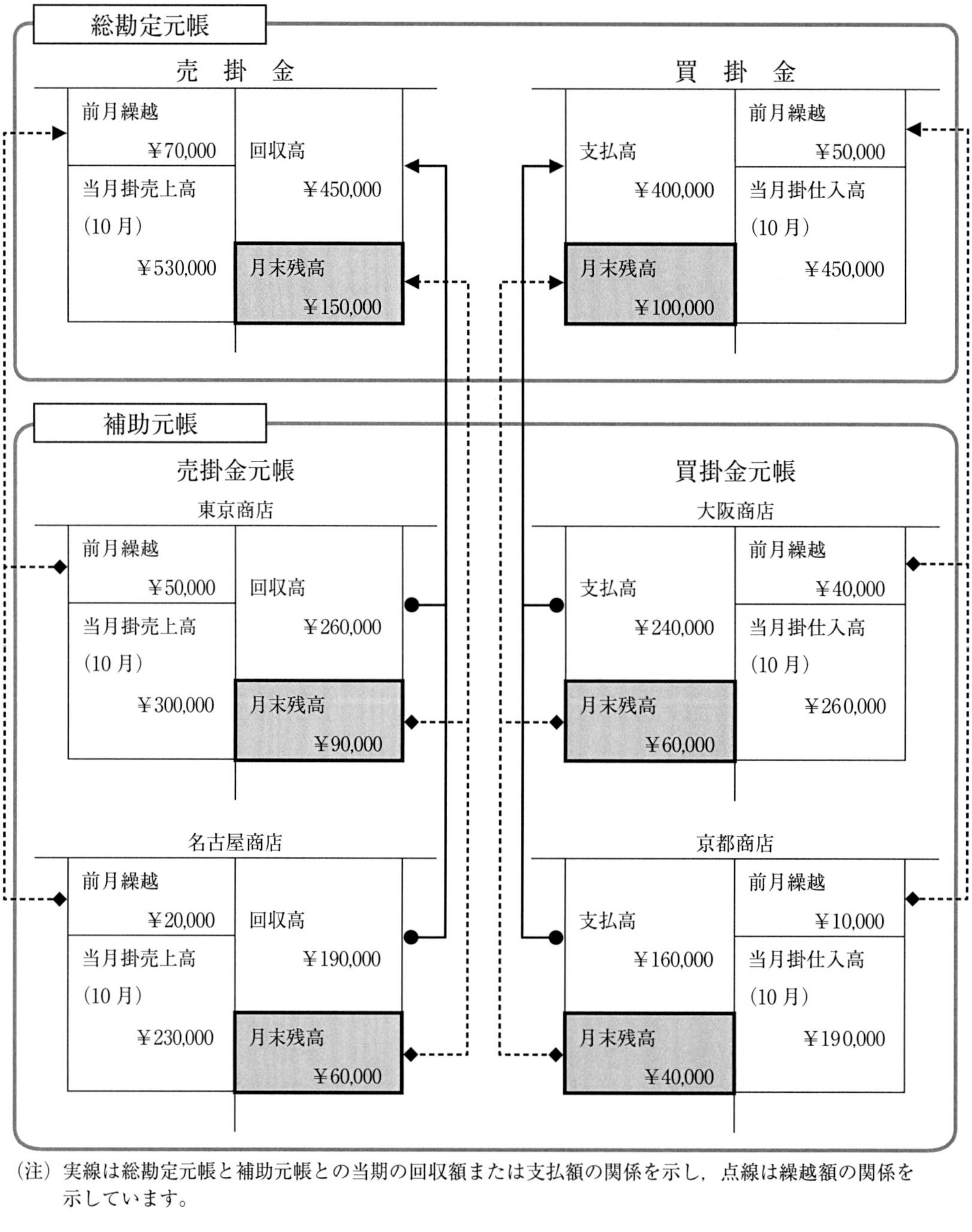

総勘定元帳

売　　掛　　金		買　　掛　　金	
前月繰越　　¥70,000	回収高　　¥450,000	支払高　　¥400,000	前月繰越　　¥50,000
当月掛売上高（10月）　　¥530,000	月末残高　　¥150,000	月末残高　　¥100,000	当月掛仕入高（10月）　　¥450,000

補助元帳

売掛金元帳

東京商店		大阪商店（買掛金元帳）	
前月繰越　　¥50,000	回収高　　¥260,000	支払高　　¥240,000	前月繰越　　¥40,000
当月掛売上高（10月）　　¥300,000	月末残高　　¥90,000	月末残高　　¥60,000	当月掛仕入高（10月）　　¥260,000

名古屋商店		京都商店	
前月繰越　　¥20,000	回収高　　¥190,000	支払高　　¥160,000	前月繰越　　¥10,000
当月掛売上高（10月）　　¥230,000	月末残高　　¥60,000	月末残高　　¥40,000	当月掛仕入高（10月）　　¥190,000

（注）実線は総勘定元帳と補助元帳との当期の回収額または支払額の関係を示し，点線は繰越額の関係を示しています。

図表７－３　売掛金明細表と買掛金明細表

売掛金明細表	10月1日	10月31日
東京商店	¥　50,000	¥　90,000
名古屋商店	20,000	60,000
	¥　70,000	¥　150,000

買掛金明細表	10月1日	10月31日
大阪商店	¥　40,000	¥　60,000
京都商店	10,000	40,000
	¥　50,000	¥　100,000

例題7-3 次の取引について仕訳し，総勘定元帳（売掛金および買掛金勘定）に転記するとともに，補助元帳（売掛金元帳および買掛金元帳）へ記入しなさい。なお，前月繰越高はそれぞれの元帳に記入してあり，補助元帳はすべて締め切ること。また，売掛金明細表および買掛金明細表も作成しなさい。

10月2日　岡崎商店に商品￥150,000を販売し，代金は掛とした。

　　4日　大府商店から商品￥190,000を仕入れ，代金は掛とした。

　　5日　一宮商店に商品￥100,000を販売し，代金は掛とした。

　　9日　岡崎商店の売掛金￥70,000を同店振り出しの小切手で受け取った。

　　12日　一宮商店へ上記4日に販売した商品のうち，￥16,000の返品を受けた。

　　14日　大府商店に対する買掛金￥110,000について小切手を振り出して支払った。

　　17日　豊明商店から商品￥180,000を仕入れ，代金は掛とした。

　　20日　豊明商店から仕入れた上記14日の商品が不良品であったため，￥30,000返品した。

　　24日　豊明商店に対する買掛金￥120,000について小切手を振り出して支払った。

　　29日　一宮商店に対する売掛金￥50,000が当座預金口座に振り込まれた。

《解　答》

10月2日	（借）売掛金（岡崎商店）	150,000	（貸）売　　　　　上	150,000
4日	（借）仕　　　　入	190,000	（貸）買掛金（大府商店）	190,000
5日	（借）売掛金（一宮商店）	100,000	（貸）売　　　　　上	100,000
9日	（借）現　　　　金	70,000	（貸）売掛金（岡崎商店）	70,000
12日	（借）売　　　　上	16,000	（貸）売掛金（一宮商店）	16,000
14日	（借）買掛金（大府商店）	110,000	（貸）当　座　預　金	110,000
17日	（借）仕　　　　入	180,000	（貸）買掛金（豊明商店）	180,000
20日	（借）買掛金（豊明商店）	30,000	（貸）仕　　　　入	30,000
24日	（借）買掛金（豊明商店）	120,000	（貸）当　座　預　金	120,000
29日	（借）当　座　預　金	50,000	（貸）売掛金（一宮商店）	50,000

総 勘 定 元 帳

売 掛 金

10/1	前 月 繰 越	300,000	10/9	現 金	70,000
2	売 上	150,000	12	売 上	16,000
5	売 上	100,000	29	当 座 預 金	50,000

買 掛 金

10/14	当 座 預 金	110,000	10/1	前 月 繰 越	400,000
20	仕 入	30,000	4	仕 入	190,000
24	当 座 預 金	120,000	17	仕 入	180,000

売 掛 金 元 帳

岡崎商店

X1年		摘 要	借 方	貸 方	借／貸	残 高
10	1	前 月 繰 越	200,000		借	200,000
	2	売 上	150,000		〃	350,000
	9	入 金		70,000	〃	280,000
	31	次 月 繰 越		280,000		
			350,000	350,000		
11	1		280,000			

一宮商店

X1年		摘 要	借 方	貸 方	借／貸	残 高
10	1	前 月 繰 越	100,000		借	100,000
	5	売 上	100,000		〃	200,000
	12	返 品		16,000	〃	184,000
	29	入 金		50,000	〃	134,000
	31	次 月 繰 越		134,000		
			200,000	200,000		
11	1		134,000			

買 掛 金 元 帳

大府商店

X1年		摘　　要	借　方	貸　方	借/貸	残　高
10	1	前 月 繰 越		250,000	貸	250,000
	4	仕　　　　入		190,000	〃	440,000
	14	支　　　　払	110,000		〃	330,000
	31	次 月 繰 越	330,000			
			440,000	440,000		
11	1			330,000		

豊明商店

X1年		摘　　要	借　方	貸　方	借/貸	残　高
10	1	前 月 繰 越		150,000	貸	150,000
	17	仕　　　　入		180,000	〃	330,000
	20	返　　　　品	30,000		〃	300,000
	24	支　　　　払	120,000		〃	180,000
	31	次 月 繰 越	180,000			
			330,000	330,000		
11	1			180,000		

	売掛金明細表			買掛金明細表	
	10 月 1 日	10 月 31 日		10 月 1 日	10 月 31 日
岡崎商店	￥ 200,000	￥ 280,000	大府商店	￥ 250,000	￥ 330,000
一宮商店	100,000	134,000	豊明商店	150,000	180,000
	￥ 300,000	￥ 414,000		￥ 400,000	￥ 510,000

　仕訳は勘定科目に人名勘定を付記しておくとよいです。

　総勘定元帳の売掛金勘定における月末残高￥414,000と岡崎商店・一宮商店の売掛金元帳の次月繰越高の合計は一致することを確認します。同様に，総勘定元帳の買掛金勘定における月末残高￥510,000と大府商店・豊明商店の買掛金元帳の次月繰越高の合計も一致することを確認します。

例題7-4　次の（A）愛知商店の合計試算表と（B）X1年10月27日から31日までの諸
　　　　取引にもとづいて，月末の合計残高試算表と売掛金・買掛金明細表を作成しなさ
　　　　い。なお，当店の売上と仕入はすべて掛で行っている。

（A）愛知商店の合計試算表

合計試算表
X1年10月26日

借　方	勘定科目	貸　方
429,000	現　　　　　　金	229,000
679,000	当　座　預　金	324,000
932,000	売　　掛　　金	652,000
67,000	繰　越　商　品	
135,000	備　　　　　品	
415,000	買　　掛　　金	648,000
27,000	未　　払　　金	32,000
13,000	借　　入　　金	160,000
	資　　本　　金	417,000
	繰越利益剰余金	80,000
10,000	売　　　　　上	891,000
551,000	仕　　　　　入	
123,000	給　　　　　料	
25,000	光　　熱　　費	
26,000	支　払　家　賃	
1,000	支　払　利　息	
3,433,000		3,433,000

（B）X1年10月27日から31日までの諸取引

27日　売上：岐阜商店　¥17,000　三重商店　¥22,000

　　　仕入：石川商店　¥20,000　富山商店　¥30,000

　　　静岡商店に対する売掛金¥30,000が当座預金口座に振り込まれた。

28日　売上：三重商店　¥25,000　静岡商店　¥34,000

　　　仕入：石川商店　¥26,000　長野商店　¥39,000

　　　岐阜商店に販売した商品の一部に品違いがあり，¥2,000が返品された。

29日　売上：岐阜商店　¥47,000

　　　仕入：長野商店　¥28,000

　　　本月分の家賃¥10,000について小切手を振り出して支払った。

　　　未払金¥5,000について小切手を振り出して支払った。

30日　売上：岐阜商店　¥65,000　静岡商店　¥38,000

　　　本月分の給料¥58,000を現金で支払った。

　　　当座預金口座から現金¥70,000を引き出した。

31日　売上：三重商店　¥53,000

　　　仕入：富山商店　¥37,000

　　　長野商店に対する買掛金¥12,000について小切手を振り出して払った。

　　　電気代¥6,000が当座預金口座から引き落とされた。

《解答》

合 計 残 高 試 算 表

X1 年 10 月 31 日　　　　　　　　　　（単位：円）

借　方		勘定科目	貸　方	
残　高	合　計		合　計	残　高
212,000	499,000	現　　　　　　金	287,000	
282,000	709,000	当 座 預 金	427,000	
549,000	1,233,000	売　　掛　　金	684,000	
67,000	67,000	繰 越 商 品		
135,000	135,000	備　　　　　品		
	427,000	買　　掛　　金	828,000	401,000
	32,000	未　払　金	32,000	
	13,000	借　入　金	160,000	147,000
		資　本　金	417,000	417,000
		繰 越 利 益 剰 余 金	80,000	80,000
	12,000	売　　　　　上	1,192,000	1,180,000
731,000	731,000	仕　　　　　入		
181,000	181,000	給　　　　料		
31,000	31,000	光　熱　費		
36,000	36,000	支 払 家 賃		
1,000	1,000	支 払 利 息		
2,225,000	4,107,000		4,107,000	2,225,000

	売掛金明細表			買掛金明細表	
	10 月 26 日	10 月 31 日		10 月 26 日	10 月 31 日
岐 阜 商 店	¥ 120,000	¥ 247,000	石 川 商 店	¥ 110,000	¥ 156,000
三 重 商 店	70,000	170,000	富 山 商 店	50,000	117,000
静 岡 商 店	90,000	132,000	長 野 商 店	73,000	128,000
	¥ 280,000	¥ 549,000		¥ 233,000	¥ 401,000

10 月 27 日から 31 日までの諸取引の仕訳

27日　（借）売掛金（岐阜商店）　17,000　　（貸）売　　　　　上　39,000

　　　　　　売掛金（三重商店）　22,000

　　　（借）仕　　　　　入　50,000　　（貸）買掛金（石川商店）　20,000

　　　　　　　　　　　　　　　　　　　　　　　買掛金（富山商店）　30,000

　　　（借）当 座 預 金　30,000　　（貸）売掛金（静岡商店）　30,000

28日	（借）売掛金（三重商店）	25,000	（貸）売　　　　上	59,000
	売掛金（静岡商店）	34,000		
	（借）仕　　　　　　入	65,000	（貸）買掛金（石川商店）	26,000
			買掛金（長野商店）	39,000
	（借）売　　　　　　上	2,000	（貸）売掛金（岐阜商店）	2,000

29日	（借）売掛金（岐阜商店）	47,000	（貸）売　　　　上	47,000
	（借）仕　　　　　　入	28,000	（貸）買掛金（長野商店）	28,000
	（借）支 払 家 賃	10,000	（貸）当 座 預 金	10,000
	（借）未 払 金	5,000	（貸）当 座 預 金	5,000

30日	（借）売掛金（岐阜商店）	65,000	（貸）売　　　　上	103,000
	売掛金（静岡商店）	38,000		
	（借）給　　　　　　料	58,000	（貸）現　　　　金	58,000
	（借）現　　　　　　金	70,000	（貸）当 座 預 金	70,000

31日	（借）売掛金（三重商店）	53,000	（貸）売　　　　上	53,000
	（借）仕　　　　　　入	37,000	（貸）買掛金（富山商店）	37,000
	（借）買掛金（長野商店）	12,000	（貸）当 座 預 金	12,000
	（借）光 熱 費	6,000	（貸）当 座 預 金	6,000

　売掛金・買掛金勘定および各商店別の人名勘定を示すと次のようになります。

　売掛金と買掛金の人名勘定の残高合計（明細表の10月末残高合計）は，それぞれ売掛金または買掛金勘定の月末残高（合計残高試算表の残高）と一致することを確認します。

　売掛金・買掛金明細表は売掛金・買掛金元帳の各商店の人名勘定にもとづき作成します。

総勘定元帳

			売　掛　金						買　掛　金		
10/26			932,000	10/26			652,000	10/26		415,000	10/26		648,000
27	売	上	39,000	27	当座預金	30,000	31	当座預金	12,000	27	仕	入	50,000
28	売	上	59,000	28	売	上	2,000			28	仕	入	65,000
29	売	上	47,000						29	仕	入	28,000
30	売	上	103,000						31	仕	入	37,000
31	売	上	53,000								

売掛金元帳と買掛金元帳

岐阜商店

10/26			120,000	10/28	売　　上	2,000
27	売	上	17,000			
29	売	上	47,000			
30	売	上	65,000			

石川商店

				10/26			110,000
				27	仕	入	20,000
				28	仕	入	26,000

三重商店

10/26			70,000
27	売	上	22,000
28	売	上	25,000
31	売	上	53,000

富山商店

				10/26			50,000
				27	仕	入	30,000
				31	仕	入	37,000

静岡商店

10/26			90,000	10/27	当座預金	30,000
28	売	上	34,000			
30	売	上	38,000			

長野商店

10/31	当座預金	12,000	10/26			73,000
			28	仕	入	39,000
			29	仕	入	28,000

③ 貸倒れと貸倒損失

　掛取引によって生じた売掛金や次章で説明する受取手形および電子記録債権などの売上債権の一部が，取引先の倒産などにより回収不能になることがあります。これを**貸倒れ**といいます。当期に生じた売掛金や受取手形が当期に貸倒れとなった場合には，その回収不能額をその債権を取得した期間の費用として計上し，その損失額を**貸倒損失**勘定に借方記入するとともに，売掛金や受取手形勘定に貸方記入し減少させます。かりに￥100,000 の売掛金が貸倒れとなった場合には次の仕訳になります。

　（借）貸 倒 損 失　100,000　　（貸）売 　掛 　金　100,000

例題7－5　次の取引を仕訳しなさい。

　　　　　10月20日　得意先である長野商店の倒産に伴って，同社に対する当期の売掛金
　　　　　　　　　　￥700,000 が回収不能となった。

《解　答》

　10月20日　（借）貸 倒 損 失　700,000　　（貸）売 　掛 　金　700,000

④ 貸倒引当金の設定

　売掛金などの売上債権は，次期以降に貸倒れが発生する可能性があることから，決算日に過去の貸倒れの実績率により貸倒れの金額を見積もり，これを当期の費用として計上します。このような処理法を**貸倒実績率法**または**実績率法**といいます。また，その設定額を**貸倒引当金**といいます。ここで，引当金とは当期に発生していない将来の費用または損失をあらかじめ計上する貸方の勘定科目です。

　貸倒引当金の処理法は，決算日時点では，売掛金は貸倒れていないので，貸倒れ見積額を貸倒引当金勘定に貸方記入するとともに，同額を**貸倒引当金繰入**勘定に借方記入し，当期の費用として計上します。このとき貸倒引当金は，売掛金を直接減額することなく貸倒見積額を間接的に引き下げ，売掛金を減算する勘定として機能します。このような勘定を**評価勘定**といいます。

　決算時に貸倒れの一定割合（¥100,000）を見積もる場合の仕訳は次のとおりです。

　　　　　（借）貸倒引当金繰入　100,000　　（貸）貸 倒 引 当 金　100,000

　なお，貸倒見積額を設定した後，次期になり前期に計上した売掛金が回収不能で実際に貸倒れが生じた場合の仕訳をケースごとに示すと次のとおりです。

（1）売掛金の貸倒れ発生額が貸倒引当金残高を超えない場合
　　　貸 倒 れ 発 生 額　¥80,000　＜　貸倒引当金残高　¥100,000

　　　　　（借）貸 倒 引 当 金　80,000　　（貸）売 　 掛 　 金　80,000

（2）売掛金の貸倒れ発生額が貸倒引当金残高を超える場合
　　　貸 倒 れ 発 生 額　¥80,000　＞　貸倒引当金残高　¥50,000

　　　　　（借）貸 倒 引 当 金　50,000　　（貸）売 　 掛 　 金　80,000
　　　　　　　　貸 倒 損 失　30,000

⑤ 貸倒見積額の処理：差額補充法

　貸倒引当金を設定する場合には，次期の貸倒見積額が期末の貸倒引当金の残高を上回る金額を貸倒引当金繰入勘定に借方記入し，同じ金額だけ貸倒引当金勘定を増額させるため貸方記入します。この処理方法を**差額補充法**といいます。

　一方，次期の貸倒見積額が期末の貸倒引当金の残高よりも少ないときには，その下回る

金額を**貸倒引当金戻入**勘定に貸方記入し，同じ金額だけ貸倒引当金勘定を減額させるため借方記入します。

差額補充法の仕訳をケースごとに示すと次のとおりです。

（１）貸倒引当金残高　￥50,000　＜　貸倒引当金設定額　￥60,000

　　　（借）貸倒引当金繰入　10,000　　（貸）貸 倒 引 当 金　10,000

（２）貸倒引当金残高　￥50,000　＞　貸倒引当金設定額　￥40,000

　　　（借）貸 倒 引 当 金　10,000　　（貸）貸倒引当金戻入　10,000

例題７－６　次の取引を仕訳しなさい。
　　　　　12月31日　決算にあたり売掛金期末残高￥2,000,000 に対して，貸倒実績率により 5％の貸倒れを見積もる。なお，貸倒引当金残高は￥60,000 である。

《解　答》

12月31日　（借）貸倒引当金繰入　40,000　　（貸）貸 倒 引 当 金　40,000

貸倒引当金残高＜貸倒引当金設定額のケースであり，差額補充額を次のように求めます。
　　　差額補充額＝（￥2,000,000 × 5％）－￥60,000 ＝￥40,000

例題７－７　次の取引を仕訳しなさい。
　　　　　12月31日　決算にあたり売掛金期末残高￥1,500,000 に対して，貸倒実績率により 10％の貸倒れを見積もる。なお，貸倒引当金残高は￥200,000 である。

《解　答》

12月31日　（借）貸 倒 引 当 金　50,000　　（貸）貸倒引当金戻入　50,000

貸倒引当金残高＞貸倒引当金設定額のケースであり，差額戻入額を次のように求めます。
　　　戻入額　＝￥200,000 －（￥1,500,000 × 10％）＝￥50,000

❻ 償却債権取立益

過年度に貸倒れとして処理した売掛金の一部または全部が当期に回収される場合があります。このような場合，貸倒れの処理はすでに終了しています。したがって，その回収額は前期損益の修正となり，回収額を**償却債権取立益**勘定に貸方記入します。前期に貸倒れとして処理した売掛金¥100,000 が現金で回収された場合の仕訳は次のようになります。

（借）現　　　　　金　100,000　　　（貸）償却債権取立益　100,000

例題７－８　次の取引を仕訳しなさい。

　　　　　11月20日　前期に貸倒れとして処理した三重商店の売掛金¥100,000 のうち¥80,000 を現金で回収した。

《解　答》

11月20日　（借）現　　　　　金　80,000　　　（貸）償却債権取立益　80,000

❼ クレジット売掛金

小売業などの商店は，図表７－４に示すようなクレジットカードの呈示を受けて商品の販売またはサービスを提供する，信用販売を行います。

図表７－４　クレジットカード販売

差引：支払手数料

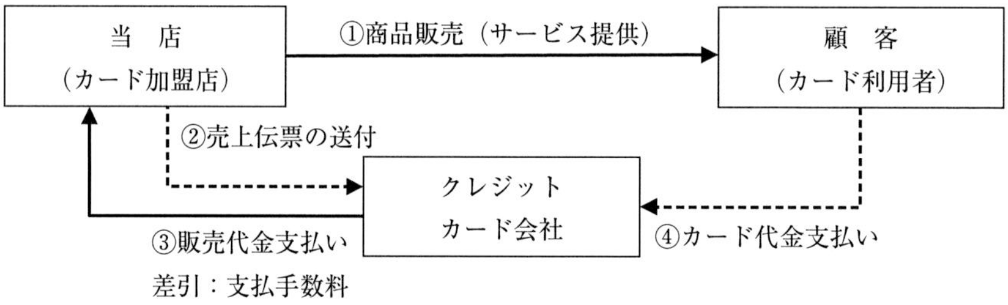

（注）実線は会社の取引であり，仕訳と転記を行います。

クレジットカード販売では，①クレジットカードの加盟店である企業は，カード会員である顧客からカードの呈示を受けて商品を販売し，②売上伝票をカード会社に送ります。③加盟店は一定の支払手数料を負担してこれを差し引いた販売代金の支払いをカード会社から受けます。④顧客は後日カード会社に対して預金口座の引き落としによって代金を支払います。

加盟店にとってクレジットカード販売のメリットは，カード会社が売掛金の管理や集金を行ってくれるため，回収の手間が省け前述の貸し倒れのリスクがなくなることです。クレジットカードは今日広く利用されていて，日本信販やオリエント・コーポレーションなどの信販会社が発行するカードとビザやマスターカードなどの銀行系の会社が発行するカードがあります。

　カード加盟店がクレジットカードで商品の販売やサービスを提供した時には，信販会社への債権を売掛金勘定と区別して，**クレジット売掛金**勘定（資産）に借方記入します。この売上債権が信販会社に対するものである場合，売上高の手数料は，支払手数料勘定（費用）に借方記入します。売上代金を回収した時には，クレジット売掛金勘定に貸方記入し，これを相殺します。

例題 7 − 9　次の取引を仕訳しなさい。

　　　　　　9月20日　クレジットカード加盟店であるデパートがクレジットカードの呈示を受けて商品￥20,000 を販売した。なお，信販会社に対する手数料は売上代金の 5 % であり，販売した時に計上した。

　　　　　10月15日　信販会社から，手数料を差し引いた売上代金が当店の当座預金口座に振り込まれた。

《解　答》

9月20日　（借）クレジット売掛金　19,000　　（貸）売　　　　　　上　20,000
　　　　　　　支　払　手　数　料　　1,000

10月15日　（借）当　座　預　金　19,000　　（貸）クレジット売掛金　19,000

練習問題

問題1　次の取引を仕訳し，売掛金勘定と買掛金勘定に転記しなさい。

　　　10月11日　仙台商店へ商品￥100,000 を掛で販売した。

　　　　　15日　彦根商店から商品￥200,000 を掛で仕入れた。

　　　　　18日　姫路商店から商品￥150,000 を仕入れ，代金のうち￥50,000 を現金で支払い，残額は掛とした。

　　　　　20日　彦根商店に対する買掛金￥150,000 を現金で支払った。

　　　　　25日　仙台商店から商品￥30,000 が返品された。

　　　　　28日　水戸商店へ商品￥200,000 を掛で販売した。

　　　　　30日　姫路商店に対する買掛金￥150,000 を現金で支払った。

日付	借方科目	金　額	貸方科目	金　額
10月11日				
15日				
18日				
20日				
25日				
28日				
30日				

売　掛　金

買　掛　金

問題2 次の取引をそれぞれの会社の立場で仕訳しなさい。

（1）瀬戸株式会社は，犬山株式会社より商品を仕入れて，商品とともに次の請求書を受け取った。

X1年9月5日

請求書（控）

瀬戸株式会社　御中

犬山株式会社

品　名	数　量	単　価	金　額
ショルダーバッグ	10個	¥5,000	¥50,000
トートバッグ	20	3,500	70,000
ボストンバッグ	5	4,000	20,000
		合　計	¥140,000

X1年9月30日までに合計額を下記口座へお振込みください。
三好銀行福谷支店　普通 418744　イヌヤマ（カ

（2）ヒート株式会社は，テック株式会社に1ヵ月分（月末締め，翌月25日払い）の売上代金を集計して次の請求書を送付した。なお，ヒート株式会社は売上の記録を商品発送時ではなく，1ヵ月分をまとめて仕訳している。

```
                                              X1年10月31日
                     請求書（控）
  ヒート株式会社　御中
                                         テック株式会社
  ┌──────────────┬────────┬────────┬──────────┐
  │　品　名　　　│数　量　│単　価　│金　額　　│
  ├──────────────┼────────┼────────┼──────────┤
  │卓球シューズ　│30 足　 │¥8,000 │¥240,000 │
  │バスケットシューズ│10　 │6,000 │60,000 │
  │テニスシューズ│20　　 │7,000 │140,000 │
  ├──────────────┴────────┼────────┼──────────┤
  │　　　　　　　　　　　合　計│　　　 │¥440,000 │
  └────────────────────────┴────────┴──────────┘

  X1年11月25日までに合計額を下記口座へお振込みください。
  □○銀行名古屋支店　普通0034567　ナゴヤ（カ
```

（1）

	借方科目	金　額	貸方科目	金　額
瀬戸（株）				
犬山（株）				

（2）

	借方科目	金　額	貸方科目	金　額
ヒート（株）				
テック（株）				

問題3　次の取引について人名勘定を用いて仕訳しなさい。

　　　8月5日　天白商店から商品¥300,000を掛で仕入れ，運搬費等の仕入諸掛（当店負担）¥7,500を現金で支払った。

　　　14日　昭和商店へ商品¥80,000を販売し，代金は掛とした。

　　　26日　天白商店に対する買掛金¥250,000について，小切手を振り出して支払った。

　　　30日　日進商店へ商品¥98,000を販売し，代金は掛とした。なお，当店負担の発送費¥5,000は現金で支払った。

日付	借方科目	金　　額	貸方科目	金　　額
8月5日				
14日				
26日				
30日				

問題4 次の取引について売掛金勘定および買掛金勘定に転記するとともに，売掛金元帳および買掛金元帳に記入しなさい。また，売掛金明細表および買掛金明細表を作成しなさい。なお，前月繰越の金額はすでに記入してある。

　9月5日　岐阜商店に甲商品¥90,000（30個，@¥3,000）を掛で販売した。

　　　8日　愛知商店から売掛金¥100,000を現金で受け取った。

　　11日　三重商店から乙商品¥80,000（50個，@¥1,600）を掛で仕入れた。

　　14日　三重商店から11日に仕入れた乙商品のうち不良品（5個）があり，¥2,000の値引きを受けた。

　　19日　愛知商店に乙商品¥60,000（30個，@¥2,000）を販売し，代金のうち¥12,000を現金で受け取り，残額は掛とした。

　　20日　愛知商店に販売した上記乙商品のうち，¥10,000（5個，@¥2,000）が品違いのため返品された。

　　26日　静岡商店に対する買掛金¥70,000を小切手を振り出して支払った。

　　29日　岐阜商店から売掛金¥60,000を同店振り出しの小切手で受け取った。

売　掛　金

9/1　前　月　繰　越	500,000	

売 掛 金 元 帳

愛知商店

X1年		摘　　　要	借　　方	貸　　方	借/貸	残　　高
9	1	前　月　繰　越	300,000			

岐阜商店

X1年		摘　　　要	借　　方	貸　　方	借/貸	残　　高
9	1	前　月　繰　越	200,000			

買 掛 金

	9/1　前　月　繰　越　330,000

買 掛 金 元 帳

三重商店

X1年		摘　　　要	借　　方	貸　　方	借/貸	残　　高
9	1	前　月　繰　越		190,000		

静岡商店

X1年		摘　要	借　方	貸　方	借／貸	残　高
9	1	前　月　繰　越		140,000		

<table>
<tr><td></td><td colspan="2" style="text-align:center;">売掛金明細表</td><td></td><td colspan="2" style="text-align:center;">買掛金明細表</td></tr>
<tr><td></td><td>9月1日</td><td>9月30日</td><td></td><td>9月1日</td><td>9月30日</td></tr>
<tr><td>愛知商店</td><td>¥ 300,000</td><td>¥</td><td>三重商店</td><td>¥ 190,000</td><td>¥</td></tr>
<tr><td>岐阜商店</td><td>200,000</td><td></td><td>静岡商店</td><td>140,000</td><td></td></tr>
<tr><td></td><td>¥ 500,000</td><td>¥</td><td></td><td>¥ 330,000</td><td>¥</td></tr>
</table>

問題5 次の資料にもとづいて，X1年9月30日の合計残高試算表および売掛金・買掛金明細表を作成しなさい。なお，9月25日現在の各勘定の借方と貸方の合計は合計残高試算表に示している。また，当店の売上と仕入はすべて掛で行っている。

[資料] X1年9月26日から30日までの諸取引

26日　売上：鳥取商店　¥65,000　山口商店　¥45,000

　　　仕入：広島商店　¥35,000　岡山商店　¥50,000

　　　鳥取商店から売掛金¥35,000を回収し小切手で受け取り，ただちに当座預金とした。

　　　兵庫商店の買掛金の一部¥20,000について小切手を振り出して支払った。

27日　仕入：広島商店　¥55,000　兵庫商店　¥50,000

　　　島根商店から売掛金¥40,000が当座預金口座に振り込まれた。

　　　広島商店の買掛金のうち¥70,000について小切手を振り出して支払った。

　　　給料¥140,000を現金で支払った。

28日　売上：島根商店　¥55,000　山口商店　¥40,000

　　　広島商店より仕入れた商品の一部に品違いがあり，¥6,000を返品した。

　　　本月分の家賃¥75,000について小切手を振り出して支払った。

　　　備品¥100,000を購入し代金は後日支払うことにした。

29日　売上：鳥取商店　¥80,000　山口商店　¥68,000

　　　山口商店から売掛金¥60,000が当座預金口座に振り込まれた。

　　　借入金のうち¥70,000を利息¥2,800とともに小切手を振り出して支払った。

30日　売上：島根商店　¥90,000

仕入：岡山商店　¥50,000　兵庫商店　¥45,000

鳥取商店に対する売掛金のうち¥70,000を同店の小切手で受け取った。

島根商店から，売掛金¥80,000が当座預金口座に振り込まれた。

保険料¥15,000を現金で支払った。

合 計 残 高 試 算 表
X1年10月30日　　　　　　　　　　　　　（単位：円）

借方残高	借方合計		勘定科目	貸方合計		貸方残高
9月30日現在	9月30日現在	9月25日現在		9月25日現在	9月30日現在	9月30日現在
		345,000	現　　　　　金	46,000		
		530,000	当　座　預　金	155,000		
		325,000	売　　掛　　金	131,000		
		120,000	繰　越　商　品			
		450,000	備　　　　　品			
		200,000	買　　掛　　金	620,000		
			（　未　払　金　）			
			借　　入　　金	140,000		
			資　　本　　金	400,000		
			繰越利益剰余金	550,000		
		4,000	売　　　　　上	923,000		
		775,000	仕　　　　　入	25,000		
		140,000	給　　　　　料			
		84,000	支　払　家　賃			
		14,000	支　払　保　険　料			
		2,000	雑　　　　　費			
		1,000	支　払　利　息			
		2,990,000		2,990,000		

	売掛金明細表				買掛金明細表	
	9月25日	9月30日			9月25日	9月30日
鳥取商店	¥ 90,000	¥		広島商店	¥ 140,000	¥
島根商店	41,000			岡山商店	180,000	
山口商店	63,000			兵庫商店	100,000	
	¥ 194,000	¥			¥ 420,000	¥

総勘定元帳

	売 掛 金			
9/25	325,000	9/25	131,000

	買 掛 金			
9/25	200,000	9/25	620,000

売掛金元帳

鳥取商店

9/25	90,000		

買掛金元帳

広島商店

		9/25	140,000

島根商店

9/25	41,000		

岡山商店

		9/25	180,000

山口商店

9/25	63,000		

兵庫商店

		9/25	100,000

問題6　次の取引を仕訳しなさい。なお，貸倒引当金の見積もりは貸倒実績率法（差額補充法）によること。決算日は12月31日である。

X1年

12月31日　売掛金の期末残高¥20,000,000に対して，4%の貸倒れを見積もる。なお，貸倒引当金は設定されていない。

X2年

8月20日　三河商店が倒産し，同店に対する前期の売掛金¥500,000が回収不能となった。

9月9日　尾張商店が倒産し，当期の売掛金¥250,000が回収不能となった。

12月31日　売掛金の期末残高¥12,000,000に対して，5%の貸倒れを見積もる。

X3年

　　5月9日　前期に貸倒れとして処理した尾張商店に対する売掛金のうち¥90,000を
　　　　　　現金で回収した。

日付	借方科目	金　　額	貸方科目	金　　額
X1年 12月31日				
X2年 8月20日				
9月9日				
12月31日				
X3年 5月9日				

問題7　次の取引を仕訳しなさい。

　　　9月1日　クレジットカードの呈示を受けて，商品¥50,000を販売した。カード会社
　　　　　　　に対する手数料は売上高の5%とする。なお，売上債権はカード会社に対す
　　　　　　　るものである。

　　11月15日　9月1日の売上伝票をカード会社に送付し，当座預金口座に手取り金の振り
　　　　　　　込みがなされた。

日付	借方科目	金　　額	貸方科目	金　　額
9月1日				
11月15日				

第 **8** 章
受取手形と支払手形

> **ポイント**
> 　本章では，法律上の手形，簿記上の手形の処理について説明します。
>
> 📖 **キーワード**
> 　約束手形，為替手形，受取手形勘定，支払手形勘定，受取手形記入帳，
> 　支払手形記入帳，電子記録債権・債務

① 手形の種類

　法律上の手形の種類は，2者間取引の約束手形と，3者間取引の為替手形の2種類があります。簿記では，法律による約束手形・為替手形の種類を問わず，手形上の債権者となれば受取手形勘定で，そして手形上の債務者となれば支払手形勘定で処理します。

② 手形の振り出しと受入・取立と支払い

　約束手形は，手形の振出人（支払人）が名宛人（受取人）に対して，一定期日（満期日）に手形代金の支払いを約束した証券（支払約束証券）です。

　為替手形は，手形の振出人が名宛人（引受人・支払人）に対して，一定期日に手形代金を指図人（受取人）に支払いを依頼する証券（支払委託証券）です。

　約束手形および為替手形の受取人は，受取手形勘定の借方に記入し，支払人は支払手形勘定の貸方に記入します。ただし，自社振り出しの約束手形を受け取った場合には，支払手形勘定の借方に記入します。

　手形の所有者は，手形を支払手段として満期日前に他人に譲渡することができます。この場合，手形上の権利を譲渡する諸手続き（署名・捺印）が手形裏面で行われたうえで譲渡されます。これを手形の裏書譲渡といいます。

銀行などの金融機関に裏書譲渡して換金することを手形の割引といいます。この場合，割引日から満期日までの金利相当額（割引料）を，手形代金から控除した金額を受領することになります。

手形の「裏書」および「割引」は，受取手形勘定の貸方に記入して処理します。

例題8－1　以下の取引の名古屋商店と大阪商店のそれぞれの仕訳をしなさい。

（1）名古屋商店に商品￥500,000 を売り，代金のうち￥200,000 は同店振り出しの約束手形で受け取り，残額は掛とした。

（2）上記手形が満期日となり，本日支払われた旨の通知が銀行よりあった。

（3）大阪商店から商品￥300,000を仕入れ，代金は約束手形を振り出して支払った。

（4）上記手形が満期となり，本日支払い済みの通知が銀行よりあった。

《解　答》

（1）受 取 手 形　　200,000　　　売　　　上　　500,000
　　　売 　掛 　金　　300,000

（2）当 座 預 金　　200,000　　　受 取 手 形　　200,000

（3）仕　　　入　　300,000　　　支 払 手 形　　300,000

（4）支 払 手 形　　300,000　　　当 座 預 金　　300,000

例題8－2　以下の取引の京都商店，横浜商店，神戸商店のそれぞれの仕訳をしなさい。仕訳がない場合には，「仕訳なし」と明記しなさい。

（1）京都商店は横浜商店に商品￥50,000 を売り渡し，代金は掛とした。

（2）京都商店は神戸商店から商品￥30,000 を仕入れ，代金はかねて売掛金のある得意先横浜商店宛の為替手形を振り出し，横浜商店の引受けを得て，神戸商店に渡した。

（3）神戸商店は取り立て依頼していた為替手形￥30,000 が，本日（満期日），取引銀行より当座預金に入金された旨の通知を受けた。

《解　答》

（1）京都商店：売 掛 金　　50,000　　　売　　　上　　50,000

　　　横浜商店：仕 　入　　50,000　　　買 掛 金　　50,000

　　　神戸商店：　仕訳なし

（2）京都商店：仕　　　入　　30,000　　　売 掛 金　　30,000

　　　横浜商店：買 掛 金　　30,000　　　支 払 手 形　　30,000

　　　神戸商店：受 取 手 形　　30,000　　　売　　　上　　30,000

（3）京都商店：　仕訳なし

　　　横浜商店：支払手形　　30,000　　　当座預金　　30,000

　　　神戸商店：当座預金　　30,000　　　受取手形　　30,000

例題8－3　以下の取引について仕訳しなさい。
　　　　（1）北九州商店から商品￥150,000 を仕入れ，代金のうち￥90,000 は札幌商
　　　　　　店より受け取った約束手形を裏書譲渡し，残額は小切手を振り出して支
　　　　　　払った。
　　　　（2）すでに受領してあった福岡商店振り出しの約束手形￥250,000 を，本日，
　　　　　　取引銀行にて割引を行い，割引料を差し引かれ，手取金を当座預金に預
　　　　　　け入れた。なお，割引の条件は，割引率（年利）7.3％，割引日数 40 日で
　　　　　　あった。

《解　答》
（1）仕　　　　入　　150,000　　　受 取 手 形　　90,000
　　　　　　　　　　　　　　　　　当 座 預 金　　60,000
（2）当 座 預 金　　248,000　　　受 取 手 形　　250,000
　　　支払割引料　　　2,000（※）
　　　※￥250,000 × 0.073 × 40 日 ÷ 365 日 ＝￥2,000

③ 受取手形記入帳と支払手形記入帳

　受取手形記入帳・支払手形記入帳は，手形債権・手形債務の詳細を記録するための補助
簿です。その記入手順は，以下（1）から（7）までです。
（1）日付欄には手形受取日，振出日または引受日を記入します。
（2）手形種類欄には約束手形の場合には約（約手），為替手形の場合は為（為手）と略
　　記します。
（3）手形番号欄は，＃（ナンバー）の付いた手形の番号を記入します。
（4）摘要欄は，手形債権・手形債務の発生原因を記入します。
（5）受取手形記入帳の支払人欄は，約束手形は振出人を，為替手形は名宛人（引受人）
　　を記入します。
（6）振出人または裏書人欄は手形を振出人から受け取ったときは振出人を，裏書譲渡
　　されたときは裏書人を記入します。
（7）支払手形記入帳の振出人欄は，約束手形の場合は当店となります。
（8）てん末欄は手形債権・手形債務の消滅原因（入金，割引，裏書，期日支払）を記入します。

例題8−4 以下の取引を仕訳して，受取手形記入帳と支払手形記入帳に記入しなさい。

9月1日　A商店に商品￥100,000を販売し，代金は同店振り出しの約束手形 #15 で受け取った。

　　　振出日：9月1日　満期日：10月31日　支払場所：B銀行

3日　C商店から商品￥90,000を仕入れ，代金は約束手形 #3 を振り出して支払った。

　　　振出日：9月3日　満期日：10月25日　支払場所：D銀行

5日　E商店から売掛金￥80,000について，同店振り出し，F商店宛（引受済）為替手形 #18（￥80,000）を受け取った。

　　　振出日：9月5日　満期日：11月5日　支払場所：G銀行

10日　H商店に対する買掛金の支払いにつき，同店振り出し，K商店受取の為替手形 #8（￥130,000）を引き受けた。

　　　振出日：9月10日　満期日：11月10日　支払場所：M銀行

10月1日　C商店から商品￥150,000を仕入れ，代金は9月5日にE商店から受け取った為替手形 #18 を裏書譲渡し，残額は掛とした。

20日　9月1日にA商店より受け取った約束手形 #15（￥100,000）を，取引銀行に取立依頼した。

25日　9月3日にC商店宛に振り出した約束手形 #3（￥90,000）が，本日，満期となり当店の当座預金から支払われた旨，取引銀行から通知を受けた。

31日　先に取立依頼してあった約束手形 #15（￥100,000）が満期日に決済され，代金は当座預金に入金した旨の通知を受けた。

《解　答》

9月1日	受 取 手 形	100,000	売　　　上	100,000
3日	仕　　　入	90,000	支 払 手 形	90,000
5日	受 取 手 形	80,000	売 掛 金	80,000
10日	買 掛 金	130,000	支 払 手 形	130,000
10月1日	仕　　　入	150,000	受 取 手 形	80,000
			買 掛 金	70,000
20日	仕 訳 な し			
25日	支 払 手 形	90,000	当 座 預 金	90,000
31日	当 座 預 金	100,000	受 取 手 形	100,000

受取手形記入帳

日付		手形種類	手形番号	摘要	支払人	振出人裏書人	振出日		満期日		支払場所	手形金額	てん末		
							月	日	月	日			月	日	摘要
9	1	約	15	売　上	A商店	A商店	9	1	10	31	B銀行	100,000	10	31	入金
	5	為	18	売掛金	F商店	E商店	9	5	11	5	G銀行	80,000	10	1	裏書

支払手形記入帳

日付		手形種類	手形番号	摘要	受取人	振出人	振出日		満期日		支払場所	手形金額	てん末		
							月	日	月	日			月	日	摘要
9	3	約	3	仕　入	C商店	当店	9	3	10	25	D銀行	90,000	10	25	支払
	10	為	8	買掛金	K商店	H商店	9	10	11	10	M銀行	130,000			

《解　説》

（1）9月5日の為替手形の支払人は引受人F商店となり，振出人はE商店となります。

（2）9月10日の為替手形の受取人はK商店となり，振出人は買掛金を有するH商店となります。

❹ 電子記録債権・債務

　電子記録債権法（2008年施行）によって，電子記録での金銭債権が使われるようになりました。債権・債務を電子記録債権および電子記録債務にすることによって，紛失や盗難のリスク回避ができ，期日になると自動的に決済が行われるため事務手続が軽減されます。また，手形決済時の印紙税等を必要としない等のメリットがあります。

例題8−5　以下の取引の広島商店と仙台商店のそれぞれの仕訳をしなさい。

① 広島商店は，仙台商店に商品¥400,000を販売し，代金は掛とした。

② 仙台商店は，広島商店に対する買掛金¥400,000について，取引銀行を通じて発生記録の請求を行った。広島商店は取引銀行より，その通知を受けた。

③ 電子記録債権の支払期日が到来し，広島商店の当座預金口座と仙台商店の普通預金口座の間で決済が行われた。

《解　答》

広島商店

① 売　掛　金　　400,000　　　売　　　上　　400,000

② 電子記録債権　400,000　　　売　掛　金　　400,000

| ③ | 当 座 預 金 | 400,000 | 電子記録債権 | 400,000 |

仙台商店

①	仕　　　　入	400,000	買　　掛　　金	400,000
②	買　　掛　　金	400,000	電子記録債務	400,000
③	電子記録債務	400,000	普　通　預　金	400,000

練習問題

問題1　次の取引の仕訳をしなさい。

　① 名古屋商店は大阪商店に商品￥130,000 を売り渡し，代金は同店振り出しの約束手形を受け取った。（名古屋商店，大阪商店の仕訳）

　② 名古屋商店は上記約束手形を満期日前に銀行で割り引き，割引料を差し引かれ，手取金を当座預金に預け入れた。なお，割引率（年利）7.3%，割引日数は 72 日であった。（名古屋商店の仕訳）

番号	商店名	借方科目	金　　　額	貸方科目	金　　　額
①	名古屋				
	大　阪				
②	名古屋				

問題2　次の取引を仕訳しなさい。

　① 大阪商店は仕入先京都商店に対して買掛金￥50,000 を有し，得意先神戸商店に対して売掛金￥50,000 がある。本日，大阪商店は買掛金を支払うため名宛人を神戸商店，受取人を京都商店とする為替手形￥50,000 を振り出し，神戸商店の引受を得たのち，京都商店に渡した。（大阪商店，京都商店，神戸商店の仕訳）

　② 上記の為替手形が満期日に無事決済された旨，取引銀行から通知を受けた。（大阪商店，京都商店，神戸商店の仕訳）

番号	商店名	借方科目	金　額	貸方科目	金　額
①	大　阪				
	京　都				
	神　戸				
②	大　阪				
	京　都				
	神　戸				

問題3　以下の取引を仕訳して，受取手形記入帳と支払手形記入帳に記入しなさい。

6月3日　A商店から商品￥100,000を仕入れ，代金は当店振り出しの約束手形（＃6）で支払った。

振出日：6月3日　満期日：8月3日　支払場所：B銀行

5日　C商店に商品￥75,000を販売し，代金は同店振り出しの約束手形（＃8）で受け取った。

振出日：6月5日　満期日：7月5日　支払場所：D銀行

7日　E商店から売掛金￥110,000について，同店振り出し，F商店宛（引受済）為替手形＃10（￥110,000）を受け取った。

振出日：6月7日　満期日：8月7日　支払場所：G銀行

10日　H商店に対する買掛金の支払いにつき，同店振り出し，K商店受取の為替手形＃11（￥120,000）を引き受けた。

振出日：6月10日　満期日：8月10日　支払場所：M銀行

7月5日　C商店振り出しの約束手形（＃8）￥75,000が満期となり，決済された。

7日　I商店から商品￥140,000を仕入れ，代金は6月7日にE商店から受け取った為替手形（＃10）（￥110,000）を裏書譲渡し，残額は掛とした。

8月3日　当店振り出しの約束手形（＃6）￥100,000が満期となり，決済された。

10日　当店振り出しの約束手形（＃11）￥120,000が満期となり，決済された。

月	日	借方科目	金　額	貸方科目	金　額
6	3				
	5				
	7				
	10				
7	5				
	7				
8	3				
	10				

受取手形記入帳

日付	手形種類	手形番号	摘要	支払人	振出人裏書人	振出日 月	振出日 日	満期日 月	満期日 日	支払場所	手形金額	てん末 月	てん末 日	てん末 摘要

支払手形記入帳

日付	手形種類	手形番号	摘要	受取人	振出人	振出日 月	振出日 日	満期日 月	満期日 日	支払場所	手形金額	てん末 月	てん末 日	てん末 摘要

問題4 次の取引の仕訳をしなさい。

① 商品￥600,000 を販売し，代金の決済は電子債権記録機関を通じて行うことにした。

② 買掛金￥300,000 について，取引銀行を通じて発生記録の請求を行った。

③ 商品￥400,000 を仕入れ，代金の支払いは電子債権記録機関を通じて行うことにした。

④ 電子記録債務の支払期日が到来し，当座預金口座から引き落とされた。

⑤ 電子記録債権の支払期日が到来し，当座預金口座に入金された。

⑥ 商品￥100,000 を仕入れ，代金の支払いは，かねてより所有していた得意先に対する電子債権を譲渡することで支払った。

	借方科目	金　額	貸方科目	金　額
①				
②				
③				
④				
⑤				
⑥				

第9章
その他の債権と債務

ポイント

　本章では，第7章と第8章で学習した主たる営業活動の取引によって生じる債権と債務以外の債権と債務の処理について説明します。

📖キーワード

貸付金と借入金，手形貸付金と手形借入金，未収入金と未払金，前払金と前受金，立替金と預り金，仮払金と仮受金，受取商品券，差入保証金

① 貸付金と借入金

　企業は企業活動のなかで，取引先や従業員に金銭を貸し付けることがあります。このとき発生する，将来の特定の期日に貸し付けた金銭の返済を受ける権利（金銭債権）を**貸付金**といいます。企業は，設例9−1の①のように，金銭を貸し付けたときは**貸付金勘定（資産）**の借方に，設例9−1の②のように，その返済を受けたときは貸方に記入します。また，貸付に伴う利息（利子・金利）を受け取った場合はその額を**受取利息勘定（収益）**の貸方に記入します。

　反対に，企業は銀行などの金融機関や取引先から，企業活動に必要な金銭を借り入れることがあります。このとき発生する将来の特定の期日に借り入れた金銭を返済する義務（金銭債務）を**借入金**といいます。設例9−1の③のように，金銭を借りたときは**借入金勘定（負債）**の貸方に，設例9−1の④のように，それを返済したときは借方に記入します。また，借入に伴う利息を支払った場合は，その額を**支払利息勘定（費用）**の借方に記入します。

設例9－1　① 借用証書により現金を貸し付けた。

　② 貸付金の返済と利息を同時に現金で受け取った。

　③ 借用証書によって現金を借り入れた。

　④ 借入金の返済と利息を同時に現金で支払った。

　① （借）貸 付 金 ×××　（貸）現　　金 ×××

　② （借）現　　金 ×××　（貸）貸 付 金 ×××

　　　　　　　　　　　　　　　　受 取 利 息 ×××

　③ （借）現　　金 ×××　（貸）借 入 金 ×××

　④ （借）借 入 金 ×××　（貸）現　　金 ×××

　　　　支 払 利 息 ×××

【勘定記入パターン】

貸　付　金		借　入　金	
①×××	②×××	④×××	③×××

例題9－1　次の取引を，名古屋商会と大阪商会のそれぞれの立場で仕訳しなさい。

　（1）名古屋商会は，大阪商会に現金￥400,000を貸し付けた。

　（2）名古屋商会は，大阪商会から貸付金￥400,000の返済を受け，利息￥4,000とともに現金で受け取った。

《解　答》

名古屋商会の仕訳

　（1）（借）貸 付 金 400,000　（貸）現　　金 400,000

　（2）（借）現　　金 404,000　（貸）貸 付 金 400,000

　　　　　　　　　　　　　　　　受 取 利 息 4,000

大阪商会の仕訳

　（1）（借）現　　金 400,000　（貸）借 入 金 400,000

　（2）（借）借 入 金 400,000　（貸）現　　金 404,000

　　　　支 払 利 息 4,000

　企業の役員（取締役など）や従業員と企業との間で金銭のやり取りがあることも珍しくありません。企業が役員に金銭を貸し付けた場合は，設例9－2のように，その他の貸付金と区別し，**役員貸付金勘定（資産）**，**従業員貸付金勘定（資産）**を用いて処理することもあります。

設例9−2　（借）**役員貸付金**　×××　　（貸）現　　　金　×××

　　　　　　　　従業員貸付金　×××

　　　【勘定記入パターン】

　　　　　　　　　　役員貸付金　　　　　　　　　　　　従業員貸付金
　　　　────────────────　　　　────────────────
　　　　　×××　│　　　　　　　　　　　　×××　│

例題9−2　当社の取締役社長に対して現金¥600,000を貸し付けたときの仕訳をしなさい。

《解　答》

（借）役員貸付金　600,000　　（貸）現　　　金　600,000

② 手形貸付金と手形借入金

　商品売買などの商取引に伴い振り出される手形のことを商業手形といいます。また商業手形以外に，金銭の貸借を直接の目的として借用証書のかわりに振り出される手形は金融手形とよばれます。金融手形は，金銭の貸し借りを目的としているため，簿記上，商業手形と区別し，設例9−3の①および②のように，金銭の貸し手側は，受取手形ではなく**手形貸付金勘定（または貸付金）（資産）**，金銭の借り手側は，支払手形ではなく**手形借入金勘定（または借入金）（負債）**として処理します。返済がなされた場合は，それぞれ設例9−3の③および④のように処理します。

設例9−3　①　手形を受け取り，現金を貸し付けた。

　　　　　②　手形貸付金の返済と利息を同時に現金で受け取った。

　　　　　③　手形を振り出し，現金を借り入れた。

　　　　　④　手形借入金の返済と利息を同時に現金で支払った。

　　　　　　貸し手側の仕訳

　　　　　　①　（借）**手形貸付金**　×××　　（貸）現　　　金　×××

　　　　　　②　（借）現　　　金　×××　　（貸）**手形貸付金**　×××

　　　　　　　　　　　　　　　　　　　　　　　　受 取 利 息　×××

　　　　　　借り手側の仕訳

　　　　　　③　（借）現　　　金　×××　　（貸）**手形借入金**　×××

　　　　　　④　（借）**手形借入金**　×××　　（貸）現　　　金　×××

　　　　　　　　　　支 払 利 息　×××

【勘定記入パターン】

手形貸付金		手形借入金	
①×××	②×××	④×××	③×××

例題９−３ 次の取引を，名古屋商会と大阪商会のそれぞれの立場で仕訳しなさい。

（１）名古屋商会は，大阪商会に現金￥400,000 を貸し付け，同店振り出しの約束手形￥400,000 を受け取り，利息￥40,000 を差し引いて現金で支払った。

（２）名古屋商会は，大阪商会から手形貸付金￥400,000 の返済を受け，現金で受け取った。

《解　答》

名古屋商会の仕訳

（１）（借）手形貸付金　400,000　　（貸）現　　　　金　360,000
　　　　　　　　　　　　　　　　　　　　受 取 利 息　 40,000

（２）（借）現　　　　金　400,000　　（貸）手形貸付金　400,000

大阪商会の仕訳

（１）（借）現　　　　金　360,000　　（貸）手形借入金　400,000
　　　　　　支 払 利 息　 40,000

（２）（借）手形借入金　400,000　　（貸）現　　　　金　400,000

③ 未収入金と未払金

　企業の主な営業活動の取引によって生じた債権は売掛金勘定を，債務は買掛金勘定をそれぞれ設けて処理します。一方，企業のおもな営業活動以外の取引により生じた債権・債務は，それぞれ**未収入金勘定（資産）**と**未払金勘定（負債）**で処理します。

　たとえば，設例９−４の①のように，不要となった有形固定資産を売却し，その代金のうち，まだ受け取っていない分があるときは，未収入金勘定の借方に記入し，それを回収したときに貸方へ記入します。また，設例９−４の②のように，有形固定資産を購入してその代金のうち，まだ支払っていない分があるときは，未払金勘定の貸方に記入し，それを支払ったときに借方へ記入します。

設例9－4　①　備品を売却し，代金を受け取っていない。

②　備品を購入し，代金を支払っていない。

①　（借）**未 収 入 金**　×××　　（貸）備　　　品　×××

②　（借）備　　　品　×××　　（貸）**未 払 金**　×××

【勘定記入パターン】

未 収 入 金		未 払 金	
①×××			②×××

例題9－4　次の取引を仕訳しなさい。

（1）車両運搬具を￥500,000 で売却し，代金は月末に受け取ることにした。

（2）営業用の金庫を￥300,000 で買い入れ，代金は月末に支払うことにした。

《解　答》

（1）（借）未 収 入 金　500,000　　（貸）車両運搬具　500,000

（2）（借）備　　　品　300,000　　（貸）未 払 金　300,000

❹ 前払金と前受金

　商品の売買取引において，実際に商品の受け渡しが行われる前にその代金の一部または全部を手付金（内金ともいう）として受け払いすることがあります。買い手が商品代金の一部または全部を前払いしたときに生じる債権を**前払金**（前渡金ともいう），売り手が商品代金の一部または全部を前受けしたときに生じる債務を**前受金**といいます。設例9－5の①のように，買い手が商品代金の一部または全部を前払いしたときに**前払金勘定（資産）**の借方に記入し，設例9－5の②のように，商品を受け取ったときに貸方に記入します。設例9－5の③のように，売り手は手取金を受け取ったときに**前受金勘定（負債）**の貸方に記入し，設例9－5の④のように，現物を引き渡したときに借方に記入します。

設例9－5　①　仕入代金の一部を内金として現金で支払った。

②　商品を仕入れ，前払い分を除き，代金は掛とした。

③　売上代金の一部を内金として現金で受け取った。

④　商品を売り渡し，前受け分を除き，代金は掛とした。

買い手

①　（借）**前 払 金**　×××　　（貸）現　　　金　×××

②　（借）仕　　　入　×××　　（貸）**前 払 金**　×××

買 掛 金　×××

売り手

③ （借）現　　　金 ×××　　（貸）**前 受 金** ×××

④ （借）**前 受 金** ×××　　（貸）売　　　上 ×××

　　　　 売 掛 金 ×××

【勘定記入パターン】

前　払　金		前　受　金	
①×××	②×××	④×××	③×××

例題9－5　次の取引を名古屋商会と大阪商会のそれぞれの立場で仕訳しなさい。

　　　　　10月3日　名古屋商会は，大阪商会に商品¥450,000を注文し，その内金として¥45,000を小切手を振り出して支払った。

　　　　　10月8日　名古屋商会は，大阪商会から商品¥450,000を仕入れ，内金¥45,000を差し引き，残額は掛とした。

《解　答》

名古屋商会の仕訳

10/ 3　（借）前 払 金　45,000　　（貸）当 座 預 金　45,000

10/ 8　（借）仕　　　入　450,000　（貸）前 払 金　45,000

　　　　　　　　　　　　　　　　　　　 買 掛 金　405,000

大阪商会の仕訳

10/ 3　（借）現　　　金　45,000　　（貸）前 受 金　45,000

10/ 8　（借）前 受 金　45,000　　（貸）売　　　上　450,000

　　　　　　 売 掛 金　405,000

⑤ 立替金と預り金

　企業が，役員，従業員，取引先の債務を一時的に立替払いすることがあります。設例9－6の①のように，債務の立替という使用目的の決まっている場合，金銭の一般的な貸付である貸付金と区別するため**立替金勘定（資産）**の借方に記入して処理します。なお，従業員に対する立替金は，取引先などに対する立替金と区別するために，**従業員立替金勘定（資産）**を用いることもあります。

　また，企業が他人から一時的に金銭を預かる場合もあります。このようなときには，設例9－6の②のように，**預り金勘定（負債）**の貸方に記入して処理します。なお，従業員からの預り金は，取引先からの預り金と区別するために，**従業員預り金勘定（負債）**を用いることもあります。

企業は，従業員の給料や賃金から，従業員が支払うべき所得税，住民税，社会保険料の金額を差し引いて一旦預かり，従業員全員分をまとめて税務署や年金事務所に納付します。このときの預り金は，設例9－6の③のように，**所得税預り金勘定（負債），住民税預り金勘定（負債），社会保険料預り金勘定（負債）**を用いて処理します。

設例9－6　① 従業員に対して現金を立替払いした。

　　　　　② 従業員から研修会参加費を現金で預かった。

　　　　　③ 従業員の給料から所得税，住民税，社会保険料を預かり，残額を現金で支払った。

　　　　　① （借）**従業員立替金**　×××　　（貸）現　　　　金　×××
　　　　　　　　（または立替金）

　　　　　② （借）現　　　　金　×××　　（貸）**従業員預り金**　×××
　　　　　　　　　　　　　　　　　　　　　　　（または預り金）

　　　　　③ （借）給　　　　料　×××　　（貸）**所得税預り金**　×××
　　　　　　　　　　　　　　　　　　　　　　　住民税預り金　×××
　　　　　　　　　　　　　　　　　　　　　　　社会保険料預り金　×××
　　　　　　　　　　　　　　　　　　　　　　　現　　　　金　×××

　　　　【勘定記入パターン】

　　　従業員立替金（または立替金）　　　　従業員預り金（または預り金）
　　　①×××　　│　　　　　　　　　　　　　　　　│　②×××

　　　所得税預り金・住民税預り金・社会保険料預り金（または預り金）
　　　　　　　　　　　　　　│　　　　③×××

例題9－6　次の一連の取引を仕訳しなさい。

　　　　（1）従業員のために¥45,000を，現金で立替払いした。

　　　　（2）従業員から，現金で立替金¥45,000の返済を受けた。

　　　　（3）従業員から外部研修参加費¥300,000を現金で徴収し，預かった。

　　　　（4）従業員から預かっていた外部研修費¥300,000を，研修担当会社に現金で支払った。

　　　　（5）従業員への給料の支払いにあたり，給料¥400,000のうち，所得税¥40,000を差し引き，残額を現金で支払った。

　　　　（6）預かっていた従業員の所得税¥40,000を現金で納付した。

《解答》

（1）（借）従業員立替金　45,000　（貸）現　　　　金　45,000

（2）（借）現　　　　金　45,000　（貸）従業員立替金　45,000

（3）（借）現　　　　金　300,000　（貸）従業員預り金　300,000

（4）（借）従業員預り金　300,000　（貸）現　　　　金　300,000

（5）（借）給　　　　料　400,000　（貸）所得税預り金　40,000
　　　　　　　　　　　　　　　　　　　　　　現　　　　金　360,000

（6）（借）所得税預り金　40,000　（貸）現　　　　金　40,000

❻ 仮払金と仮受金

　金額あるいは取引の内容が確定しない現金の支出や当座預金口座からの小切手の振り出しを**仮払金**，現金の収入や当座預金口座への振込を**仮受金**といいます。その処理は，それぞれ設例9-7の①のように，**仮払金勘定（資産）**，設例9-7の③のように，**仮受金勘定（負債）** を用いて一時的な仕訳を行います。仮払金勘定および仮受金勘定は，一時的に記帳しておくための勘定科目なので，後日その取引内容が判明，確定した時点で，設例9-7の②のように，借方に記入していた仮払金を貸方に記入し，設例9-7の④のように，貸方に記入していた仮受金を借方に記入して，適当な勘定に振り替えて処理します。なお，仮払金や仮受金は，貸借対照表に計上できないため，決算日に内容を確認して，必ず適当な勘定に振り替えなければなりません。

設例9-7　①　旅費の概算額を現金で支払った。
　　　　　②　旅費の現金が確定したので精算し，残額は現金で受け取った。
　　　　　③　出張中の従業員から振り込まれた当座預金の内容は，不明である。
　　　　　④　③の振込は，売掛金の回収であることがわかった。

　　　　　①　（借）**仮 払 金**　×××　（貸）現　　　　金　×××
　　　　　②　（借）旅　　　費　×××　（貸）**仮 払 金**　×××
　　　　　　　　　　現　　　　金　×××
　　　　　③　（借）当 座 預 金　×××　（貸）**仮 受 金**　×××
　　　　　④　（借）**仮 受 金**　×××　（貸）売 掛 金　×××

【勘定記入パターン】

仮　払　金		仮　受　金	
①×××	②×××	④×××	③×××

例題9－7　次の一連の取引を仕訳しなさい。

（1）従業員の出張に際し，旅費交通費の概算額として￥100,000を現金で渡した。

（2）従業員が帰社し，出張に要した旅費の精算を行い，旅費交通費概算額の残額￥10,000を現金で返済した。

（3）得意先大阪商会から￥200,000が当座預金に振り込まれたが，その内容が不明である。

（4）上記の金額は，売掛金￥200,000の回収分であることが判明した。

《解　答》

（1）（借）仮　払　金　100,000　　（貸）現　　　金　100,000

（2）（借）旅費交通費　 90,000　　（貸）仮　払　金　100,000
　　　　　　現　　　金　 10,000

（3）（借）当 座 預 金　200,000　　（貸）仮　受　金　200,000

（4）（借）仮　受　金　200,000　　（貸）売　掛　金　200,000

⑦ 商品券と受取商品券

　百貨店（デパート）や大手スーパーなどが自店の商品券（ギフトカード，図書カード，旅行券など多数）を発行し販売したときは，これと引き換えに商品を引き渡す義務が生じるため，設例9－8の①のように，**商品券勘定（負債）**の貸方に記入して処理します。設例9－8の②のように，商品券と引き換えに商品を引き渡したときは，商品券勘定の借方に記入します。商品券は，販売元が商品代金を商品売買取引の前に受け取っているので前受金の一種ですが，他の前受金と区別するために商品券勘定を設けて処理します。

　また，他店と連盟し共通の商品券を発行したり，商品券等の加盟店制度に加入している場合は，商品の販売時に，その代金として他店が発行した商品券や加盟店共通商品券等を受け取ることがあります。設例9－8の③のように，商品の売上時に，他店が発行した商品券や加盟店共通商品券等を受け取ったときは，商品券を発行した他店に対する債権を意味する**受取商品券勘定（資産）**の借方に記入します。

　他店との連盟で共通の商品券を発行している場合は，自店発行の商品券とは区別して整理しておき，後日，自店保有の他店商品券と他店保有の自店商品券とを交換し，差額を現金等で精算します。商品券等の加盟店制度に加入している場合は，加盟店制度本部に自店保有の他店商品券を持ち込み，現金で受け取り清算します。設例9－8の④のように，精算時に受取商品券勘定（資産）の貸方に記入します。

設例9-8 ① 商品券を販売し，代金は現金で受け取った。

② 商品を販売し，代金は商品券と現金で受け取った。

③ 商品を販売し，代金は商品券と他店商品券で受け取った。

④ 自店保有の他店商品券と他店保有の自店商品券とを交換し，差額を現金で精算した。

① （借）現　　　　金　×××　　（貸）**商　品　券**　×××

② （借）現　　　　金　×××　　（貸）売　　　　上　×××

　　　　　商　品　券　×××

③ （借）**受取商品券**　×××　　（貸）売　　　　上　×××

　　　　　商　品　券　×××

④ （借）**商　品　券**　×××　　（貸）**受取商品券**　×××

　　　　　　　　　　　　　　　　現　　　　金　×××

【勘定記入パターン】

商　品　券		受取商品券	
②×××	①×××	③×××	④×××
③×××			
④×××			

例題9-8 次の一連の取引を仕訳しなさい。商品売買の処理は3分法で行うこと。

9月4日　商品券¥400,000を販売し，代金は現金で受け取った。

9月10日　商品¥150,000を販売し，代金のうち¥50,000は当店発行商品券で受け取り，残額は現金で受け取った。

9月19日　商品¥330,000を販売し，代金のうち¥180,000は当店と連盟して商品券を発行している他店デパート発行商品券で受け取り，残額は当店発行商品券で受け取った。

9月30日　他店デパートと商品券の精算を行い，当店保有の他店デパート商品券¥180,000と他店デパート保有の当店発行商品券¥220,000を交換し，差額は小切手を振り出して支払った。

《解　答》

9／4　（借）現　　　　金　400,000　　（貸）商　品　券　400,000

9／10　（借）現　　　　金　100,000　　（貸）売　　　　上　150,000

　　　　　　商　品　券　50,000

9／19　（借）受取商品券　180,000　　（貸）売　　　　上　330,000

　　　　　　商　品　券　150,000

9/30　（借）商　品　券　220,000　　（貸）受取商品券　180,000

　　　　　　　　　　　　　　　　　　　　当 座 預 金　　40,000

⑧ 差入保証金と支払手数料

　不動産の賃貸借契約を結んだ際に，不動産会社へ敷金や礼金を支払うことがあります。敷金は，契約解除後の賃借物件の修理費として預けられる保証金で，残金が発生した場合には返金されます。敷金を支払った場合，差入保証金勘定（資産）を借方に記入し，返金された場合，貸方に記入します。礼金は，不動産会社に対して支払う仲介手数料ですから，支払った場合，支払手数料勘定（費用）の借方に記入します。

設例9−9　①　不動産会社と事務所の賃貸借契約を締結し，差入保証金と支払手数料を，小切手を振り出して支払った。

　　　　　②　2ヵ月分の家賃を現金で支払った。

　　　　　③　事務所の賃貸借契約を解除し，敷金が現金で返金された。

　　　　　①　（借）**差入保証金**　×××　　（貸）当 座 預 金　×××

　　　　　　　　　支払手数料　×××

　　　　　②　（借）支 払 家 賃　×××　　（貸）現　　　金　×××

　　　　　③　（借）現　　　金　×××　　（貸）**差入保証金**　×××

　　　　　【勘定記入パターン】

差入保証金		支払手数料	
①×××	③×××	①×××	

例題9−9　次の一連の取引を仕訳しなさい。

　　　　　9月15日　不動産会社と事務所の賃貸借契約を締結し，差入保証金￥300,000と支払手数料￥100,000を，小切手を振り出して支払った。

　　　　　10月1日　10月分と11月分の家賃￥500,000を現金で支払った。

　　　　　11月30日　事務所の賃貸借契約を解除し，敷金￥100,000が現金で返金された。

《解　答》

9/15　（借）差入保証金　300,000　　（貸）当 座 預 金　400,000

　　　　　　　支払手数料　100,000

10/1　（借）支 払 家 賃　500,000　　（貸）現　　　金　500,000

11/30　（借）修　繕　費　200,000　　（貸）差入保証金　300,000

　　　　　　　現　　　金　100,000

練習問題

•••

問題1 次の取引を，名古屋商会と大阪商会のそれぞれの立場で仕訳しなさい。

2月10日 名古屋商会は大阪商会に現金¥3,000,000 を貸し付けた。

8月10日 名古屋商会は満期日に大阪商会から貸付金を利息¥67,500 とともに大阪商会振り出しの小切手を受け取り，ただちに当座預金に預け入れた。

		借　方　科　目	金　　額	貸　方　科　目	金　　額
名古屋商会	2/10				
	8/10				
大阪商会	2/10				
	8/10				

問題2 次の取引を仕訳しなさい。

（1）当社の取締役社長に対して¥600,000 を，従業員に対して¥200,000 を現金でそれぞれ貸し付けた。

（2）当社の取締役社長に対する貸付金¥600,000，従業員に対する¥200,000 が現金でそれぞれ返済された。

	借　方　科　目	金　　額	貸　方　科　目	金　　額
（1）				
（2）				

問題3 次の取引を，名古屋商会と大阪商会のそれぞれの立場で仕訳しなさい。

（1）名古屋商会は，大阪商会に¥900,000 を貸し付け，大阪商会振り出しの約束手形¥900,000 を受け取った。なお，利息分¥90,000 を差し引き，残額は小切手を振り出して渡した。

（2）名古屋商会は，大阪商会から手形貸付金¥900,000 の返済を受け，現金で受け取った。

		借 方 科 目	金 額	貸 方 科 目	金 額
名古屋商会	（1）				
	（2）				
大阪商会	（1）				
	（2）				

問題4 次の名古屋商会の取引を仕訳しなさい。

（1）名古屋商会は，中古車自動車ディーラーである京都商会に，代金は月末に受け取る約束で，営業用自動車を¥1,000,000で売却した。

（2）名古屋商会は，先日事務用機器販社である横浜商会から事務用備品¥160,000を購入し，代金の半分は現金払いし，残額は月末に支払うことにした。

	借 方 科 目	金 額	貸 方 科 目	金 額
（1）				
（2）				

問題5 次の取引を，名古屋商会と大阪商会のそれぞれの立場で仕訳しなさい。

10月30日 名古屋商会は大阪商会より商品¥880,000の注文を受け，内金として¥80,000を現金で受け取った。

11月15日 名古屋商会は大阪商会に上記商品を発送した。代金の残額は掛とした。

		借 方 科 目	金 額	貸 方 科 目	金 額
名古屋商会	10/30				
	11/15				
大阪商会	10/30				
	11/15				

問題6 次の取引を仕訳しなさい。

5月11日　名古屋商会は，大阪商会へ商品¥300,000 を掛で販売した。なお，大阪商会負担の発送運賃¥5,000 を現金で立て替えた。

5月15日　大阪商会から発送運賃¥5,000 が現金で返済された。

5月25日　給料¥500,000 の支払いに際し，所得税の源泉徴収分¥60,000，従業員への立替金¥20,000 を差し引いて現金で支払った。

	借　方　科　目	金　　額	貸　方　科　目	金　　額
5/11				
5/15				
5/25				

問題7 次の一連の取引を仕訳しなさい。

7月2日　従業員の出張に当たり，旅費の社内規定概算額¥100,000 を現金で渡した。

7月10日　出張先の従業員から，当社の当座預金口座に¥650,000 の入金があったが，その内容は不明である。

7月18日　従業員が出張より戻り，10日に振り込まれた金額の内訳は，売掛金の回収額¥450,000 と商品注文の手付金¥50,000，残額は取引先に対する貸付金の回収であるとの報告を受けた。

7月20日　旅費を精算し，従業員に不足額¥10,000 を現金で渡した。

	借　方　科　目	金　　額	貸　方　科　目	金　　額
7/ 2				
7/10				
7/18				
7/20				

問題8 次の取引を仕訳しなさい。

6月5日　商品券¥200,000を発行し，代金は現金で受け取った。

6月13日　商品¥180,000を売上げ，¥80,000は当店が発行した商品券，¥80,000は現金で受け取り，残額は月末に受け取ることとした。

6月22日　商品¥90,000を売上げ，代金は当店と提携するデパートが発行した他店商品券で受け取った。

6月25日　他店と商品券の精算を行い，当店保有の他店発行の商品券¥90,000と他店保有の当店発行の商品券¥120,000を交換し，差額は現金で支払った。

	借　方　科　目	金　　額	貸　方　科　目	金　　額
6/ 5				
6/13				
6/22				
6/25				

第10章
有形固定資産

> **ポイント**
>
> 　本章では，有形固定資産の一連の処理について説明します。
>
> 📖 **キーワード**
>
> 　有形固定資産の取得，減価償却，定額法，直接法と間接法，有形固定
> 資産の売却，固定資産台帳

① 有形固定資産の取得

（1）有形固定資産とは

　企業が保有する資産は，**流動資産**と**固定資産**に区分されます。流動資産は，現金，当座預金，受取手形，売掛金，商品など企業の主たる営業活動によって取得した資産や1年以内に現金化または消費により費用化される資産です。これに対して，固定資産とは企業が自社で使用するために20万円以上で購入し，基本的に1年を超えて使用もしくは現金化する資産です。

　固定資産は，備品，車両運搬具，建物，土地など1年を超えて利用し，実体があり，目に見える**有形固定資産**，1年を超えて利用し，実体がなく，目に見えない**無形固定資産**，1年を超えて保有する債券や長期投資目的の証券などの**投資その他の資産**の3つに分類されますが，ここでは有形固定資産の一連の処理について説明します。図表10－1は，おもな有形固定資産を示したものです。

（2）有形固定資産の取得

　有形固定資産を購入したときは，設例10－1のように，該当する有形固定資産勘定の借方に**取得原価**で記入します。有形固定資産の取得原価には，本体の購入代価に，建物や土地の購入に伴う登記費用，仲介手数料や整地費用，機械装置の購入に伴う引取運賃や据

付費，車両運搬具の購入に伴う税金や登記手数料など，有形固定資産の購入から使用までに要した**付随費用**が含まれます。つまり，次の式が成り立ちます。

有形固定資産の取得原価＝購入代価＋付随費用

図表 10 － 1　有形固定資産の種類

勘 定 科 目	内　　容
建　　　　物	事務所や営業所，販売店，倉庫などで使用する建物
備　　　　品	事務所の机，椅子，ロッカー，パソコン，プリンター，商品の陳列棚などの事務機器
車両運搬具	営業用の自動車，トラック，バス，二輪車などの車両
土　　　　地	事務所用，店舗用，倉庫用，工場建物用，販売店舗用の敷地など経営活動に使用する目的で保有している土地

設例10－ 1　建物を購入し，現金で支払った。

　　（借）**建　　　物** ×××　　（貸）現　　　金 ×××

　【勘定記入パターン】

建　　　物
×××　｜

例題10－ 1　次の取引を仕訳しなさい。

　　（1）店舗用の建物を購入し，代金￥8,000,000 は小切手を振り出して支払い，不動産業者へ仲介手数料￥200,000 を現金で支払った。

　　（2）商品陳列棚を購入し，代金￥600,000 は月末に支払うことにした。引取運賃および据付費￥50,000 は小切手を振り出して支払った。

　　（3）営業用乗用車を 1 台購入し，代金￥1,000,000 と登録手数料￥80,000 は小切手を振り出して支払った。

《解　答》

（1）（借）建　　　物　8,200,000　　（貸）当 座 預 金　8,000,000
　　　　　　　　　　　　　　　　　　　　　　現　　　金　　200,000
（2）（借）備　　　品　　650,000　　（貸）未 払 金　　600,000
　　　　　　　　　　　　　　　　　　　　　　当 座 預 金　　50,000
（3）（借）車 両 運 搬 具　1,080,000　　（貸）当 座 預 金　1,080,000

（3）資本的支出と収益的支出

　資本的支出とは，建物を耐震構造に，壁を防音あるいは防火加工にするなど，固定資産の改良や耐用年数の延長により，その価値や機能を増加させる支出をいいます。前述の設例 10 － 1 のように，資本的支出は固定資産の取得原価に含めて処理をします。

　収益的支出とは，破損した固定資産の復元，補修，修繕など，原状の回復や維持のための支出をいいます。収益的支出は，その支出が行われた会計期間の費用として処理するため，設例 10 － 2 のように**修繕費勘定（費用）**で処理します。

設例10－2　定期的な修繕を行い，現金で支払った。

　　　　（借）**修 繕 費** ×××　　（貸）現　　　金 ×××

　　　　【勘定記入パターン】

　　　　　　　　　　修　繕　費
　　　　　　　　×××　　　｜

例題10－2　次の取引を仕訳しなさい。

　　　　工場の改修工事に伴う費用￥400,000 は，小切手を振り出して支払った。なお，￥150,000 は，耐用年数を延長するための改良の支出で，残りは定期的な修繕のための支出である。

《解　答》

（借）工 場 建 物　150,000　　（貸）当 座 預 金　400,000

　　　修　繕　費　250,000

---

② 減価償却

（1）減価償却とは

　建物，機械装置，備品，車両運搬具などの有形固定資産は，長期にわたる使用や時間の経過により，その経済的価値は次第に低下・減少していきます。このような資産を**減価償却資産**といいます。土地や書画，骨とう品など時の経過により価値が減少しない資産は，減価償却資産ではありません。減価償却資産の取得に要した金額は，その資産の使用可能な期間にわたり分割して費用として計上します。この処理を**減価償却**といい，有形固定資産の減価（価値低下）分の費用は，**減価償却費勘定（費用）**で処理します。

（2）減価償却費の計算方法

　減価償却費の計算方法として**定額法**について説明します。定額法とは，減価償却費の金

額が原則として毎期同額となる方法で，次のような計算式で算出します。

$$減価償却費＝\frac{取得原価－残存価額}{耐用年数}$$

取得原価…有形固定資産の購入原価に付随費用を加えた金額。
耐用年数…減価償却資産について予測される使用可能な年数。
残存価額…有形固定資産の法定耐用年数が経過したあとに残っている価値の見積り額。
　　　　　　残存価額は，平成19年度税制改正により，平成19年1月以後に取得した減
　　　　　　価償却資産について耐用年数経過時点で1円までの償却が可能となったた
　　　　　　め，「ゼロ」と示されることが多い。

　たとえば，取得原価¥300，残存価額¥0，耐用年数3年の有形固定資産の減価償却費を
計算する場合は，次のように減価償却費¥100と計算されます。図表10－2は，以下の
式を図で示したものです。また，図表10－3は，定額法による減価償却費の変化を示し
たものです。

$$減価償却費 100 円／年＝\frac{取得原価 300 円－残存価額 0 円}{耐用年数 3 年}$$

　会計上は，会社ごとに使用実態に合わせて耐用年数を事前に決め減価償却を行えばよい
ことになっています。しかし，税法上は，資産の種類ごとに国税局が定めている資産分類
と耐用年数を使用することが必要とされています。

図表10－2　定額法による減価償却費計算式の概念図

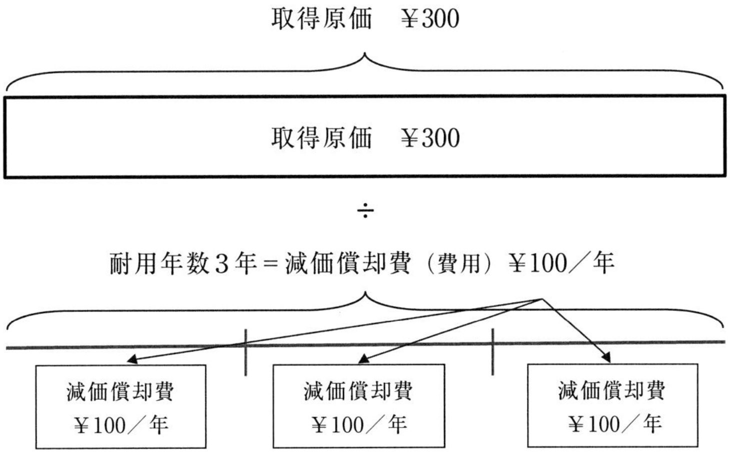

取得原価　¥300

取得原価　¥300

÷

耐用年数3年＝減価償却費（費用）¥100／年

減価償却費
¥100／年

減価償却費
¥100／年

減価償却費
¥100／年

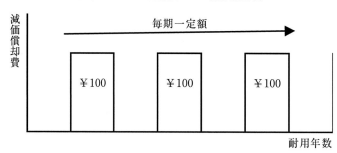

図表10－3　定額法による減価償却費

また，企業は，有形固定資産を会計年度の期首または期末に購入するとは限りません。期首，期末以外に有形固定資産を購入した場合，取得した日からその年度の決算日までに該当する減価償却費を，月割計算して計上します。

（3）減価償却の記帳方法

　減価償却の仕訳の方法は，**直接法**と**間接法**の2種類あります。直接法は，設例10－3の①のように，当期の減価償却額を，**減価償却費勘定（費用）**の借方と減価償却する有形固定資産勘定の貸方に記人する方法です。直接法の場合は，有形固定資産の勘定残高がそのまま帳簿価額となります。

　一方，間接法は，設例10－3の②のように，当期の減価償却額を減価償却費勘定（費用）の借方に記入し，**減価償却累計額勘定（資産の評価額）**の貸方に記入する方法です。この場合，減価償却費を計上するごとに減価償却累計額勘定の金額は増えていきます。間接法では，有形固定資産の勘定残高から減価償却累計額の勘定残高を控除した金額が帳簿価額となります。

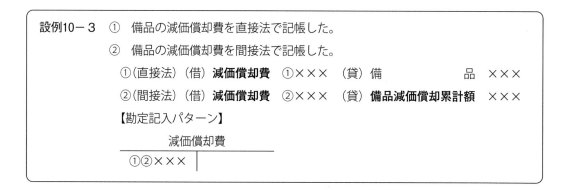

設例10－3　①　備品の減価償却費を直接法で記帳した。
　　　　　　②　備品の減価償却費を間接法で記帳した。
　　　①（直接法）（借）**減価償却費**　①×××　（貸）備　　　　　　品　×××
　　　②（間接法）（借）**減価償却費**　②×××　（貸）**備品減価償却累計額**　×××
　　　【勘定記入パターン】
　　　　　　　　　　減価償却費
　　　　①②×××　│

例題10－3　次の減価償却の処理を「直接法」と「間接法」のそれぞれの方法で仕訳しなさい。

（1）決算（年1回）にあたり，当期首に¥8,000,000で取得した建物について定額法で減価償却を行う。耐用年数は20年，残存価額は取得原価の10%である。

（2）決算日に，当期首に¥8,000,000で取得した建物について定額法で減価償却を行う。耐用年数は20年，残存価額は¥0である。

（3）X1年12月31日の決算日に，X1年8月1日に¥7,000,000で取得した建物について定額法で減価償却を行う。耐用年数は20年，残存価額は取得原価の10%，会計期間は1月1日から12月31日までである。

《解　答》

（1）｛取得原価¥8,000,000 －残存価額（¥8,000,000 × 0.1)｝÷耐用年数20年＝¥360,000

（2）｛取得原価¥8,000,000 －残存価額¥0｝÷耐用年数20年＝¥400,000

（3）｛取得原価¥7,000,000 －残存価額（¥7,000,000 × 0.1)｝÷耐用年数20年×｛5ヵ月（X1年8月1日から12月31日）÷12ヵ月｝＝¥131,250

「直接法」

（1）（借）減価償却費　360,000　　（貸）建　　　　　物　360,000

（2）（借）減価償却費　400,000　　（貸）建　　　　　物　400,000

（3）（借）減価償却費　131,250　　（貸）建　　　　　物　131,250

「間接法」

（1）（借）減価償却費　360,000　　（貸）建物減価償却累計額　360,000

（2）（借）減価償却費　400,000　　（貸）建物減価償却累計額　400,000

（3）（借）減価償却費　131,250　　（貸）建物減価償却累計額　131,250

（4）貸借対照表における減価償却累計額の記帳方法

　減価償却費，減価償却累計額など本来の勘定のマイナスの性質をもつ評価勘定の貸借対照表の表示方法として科目別間接控除法，一括間接控除法，直接控除注記法がありますが，原則は科目別間接控除法を使用します。図表10－4は，科目別間接控除法の様式です。

図表 10 − 4　科目別間接控除法による記帳方法の例

貸借対照表

X1 年 X 月 X 日

…

（抜粋）

固定資産

有形固定資産

建物	500,000,000		（建物の取得原価）
減価償却累計額	（△）200,000,000	300,000,000	（建物の帳簿価額）

（5）固定資産台帳

　固定資産台帳は，固定資産を管理するために作成する台帳です。保有する有形固定資産の勘定科目別の口座を設けて，その取得年月日，取得価額，用途，使用開始日，耐用年数，残存価額，償却方法などを記入し，さらに取得原価，減価償却費，帳簿価額の動きを記入します。

　帳簿の形式には，設例 10 − 4 のように，年度ごとに保有する固定資産のすべてを一覧表にする形式と 1 件ごとに帳簿を作成し記録する形式があります。

設例10− 4

＜一覧表＞

固 定 資 産 台 帳　　　　　X4 年 3 月 31 日現在

No.	取得年月日	種類・用途	数量	耐用年数	償却方法	期首（期中取引）取得原価	期首減価償却累計額	差引期首（期中取引）帳簿価額	当期減価償却費	期末帳簿価額
201	X2 年 4 月 10日	備品 a	2	5 年	定額法	150,000	30,000	120,000	30,000	90,000
202	X3 年 2 月 20日	備品 b	1	3 年	定額法	1,200,000	0	1,200,000	400,000	800,000

＜個別記録＞

固 定 資 産 台 帳

No.101

種　　　類	備品a	取得価額	￥150,000
用　　　途	店舗用	耐用年数	5年
数　　　量	1	残存価額	ゼロ
取得年月日	X2年4月10日	償却方法	定額法
使用開始日	同上		

X4年3月31日現在

No.	取得年月日	摘　要	取得原価	減価償却累計額	期末帳簿価額
101	X2年4月10日	当座預金から購入	150,000		150,000
	X3年3月31日	減価償却費		30,000	120,000
	X4年3月31日	減価償却費		30,000	90,000

例題10-4　次の固定資産台帳を完成させ，各日付における仕訳を示しなさい。なお，減価償却の記帳は間接法による。また，当社の決算日は 12 月 31 日である。

固 定 資 産 台 帳

No.101

種　　　　類	備品	取得価額	¥300,000
用　　　　途	店舗用	耐用年数	5年
数　　　　量	1	残存価額	ゼロ
取得年月日	X2年1月1日	償却方法	定額法
使用開始日	同上		

X3年12月31日現在

No.	取得年月日	摘　　要	取得原価	減価償却累計額	期末帳簿価額
101	X2年 1 月 1 日	当座預金から購入	300,000		300,000
	X2年12月31日	減価償却費		（　①　）	（　②　）
	X3年12月31日	減価償却費		（　③　）	（　④　）

《解　答》

X3年12月31日現在

No.	取得年月日	摘　　要	取得原価	減価償却累計額	期末帳簿価額
101	X2年 1 月 1 日	当座預金から購入	300,000		300,000
	X2年12月31日	減価償却費		（　①¥60,000　）	（　②¥240,000　）
	X3年12月31日	減価償却費		（　③¥60,000　）	（　④¥180,000　）

X2/ 1 / 1 　（借）備　　　品　300,000　　（貸）当 座 預 金　300,000

X2/12/31 　（借）減価償却費　　60,000　　（貸）備品減価償却累計額　　60,000

X2/12/31 　（借）減価償却費　　60,000　　（貸）備品減価償却累計額　　60,000

③ 有形固定資産の売却

　企業は，所有する有形固定資産が不要になると売却という処分方法を選択することがあります。売却予定の有形固定資産の帳簿価額と売却価額に差がある場合には，売却による売却損益が発生します。設例 10 - 5 の「売却価額が帳簿価額より高い」場合には，その有形固定資産勘定の貸方に帳簿価額を記入するとともに，売却価額と帳簿価額との差額を**固定資産売却益勘定（収益）**の貸方に記入します。逆に，設例 10 - 5 の「売却価額が帳簿価額より低い」場合には，その有形固定資産勘定の貸方に帳簿価額を記入するとともに，売却価額と帳簿価額の差額を**固定資産売却損勘定（費用）**の借方に記入します。

設例10－5　有形固定資産を売却し，売却代金が現金で支払われた。

（売却価額）＞（帳簿価額）の場合

①（売却価額）－②（帳簿価額）＝③固定資産売却益

（借）現　　　　　金　①×××　（貸）売却した有形固定資産勘定　②×××
　　　　　　　　　　　　　　　　　　　固 定 資 産 売 却 益　③×××

（売却価額）＜（帳簿価額）の場合

②（帳簿価額）－①（売却価額）＝④固定資産売却損

（借）現　　　　　金　①×××　（貸）売却した有形固定資産勘定　②×××
　　　固定資産売却損　④×××

【勘定記入パターン】

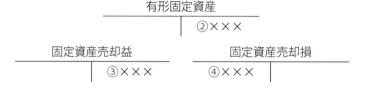

例題10－5　次の取引を仕訳しなさい。
（1）営業用の自動車（取得原価￥300,000，帳簿価額￥150,000，直接法で記入）を
　　　￥200,000で売却し，代金は現金で受け取った。
（2）営業用の自動車（取得原価￥300,000，帳簿価額￥150,000，直接法で記入）を
　　　￥130,000で売却し，代金は現金で受け取った。
（3）備品（取得原価￥500,000，備品減価償却累計額￥200,000，間接法で記入）を
　　　￥330,000で売却し，代金は後日に受け取ることとした。
（4）備品（取得原価￥500,000，備品減価償却累計額￥200,000，間接法で記入）を
　　　￥250,000で売却し，代金は後日に受け取ることとした。
（5）X2年1月1日に取得した備品（取得原価￥600,000，残存価額￥0，耐用年数
　　　3年，間接法で記入）をX3年6月30日に￥250,000で売却し，代金は後日
　　　に受け取ることとした。決算日は12月31日である。今年度の減価償却
　　　費については月割りで計上する。

《解　答》
（1）（借）現　　　　　金　200,000　（貸）車 両 運 搬 具　150,000
　　　　　　　　　　　　　　　　　　　固 定 資 産 売 却 益　 50,000
（2）（借）現　　　　　金　130,000　（貸）車 両 運 搬 具　150,000
　　　固 定 資 産 売 却 損　 20,000

（3）（借）備品減価償却累計額　200,000　　（貸）備　　　　　　　　品　500,000
　　　　　　未　収　入　金　330,000　　　　　　固 定 資 産 売 却 益　30,000
（4）（借）備品減価償却累計額　200,000　　（貸）備　　　　　　　　品　500,000
　　　　　　未　収　入　金　250,000
　　　　　　固 定 資 産 売 却 損　50,000
（5）（借）備品減価償却累計額　200,000　　（貸）備　　　　　　　　品　600,000
　　　　　　減　価　償　却　費　100,000
　　　　　　未　収　入　金　250,000
　　　　　　固 定 資 産 売 却 損　50,000

※問題（5）の減価償却費（6ヵ月＝X3年1月1日から6月30日まで）の求め方
　（¥600,000 − ¥0）÷ 3 年 ×（6 ヵ月 ÷ 12 ヵ月）＝¥100,000

練習問題

問題1　次の取引を仕訳しなさい。

（1）店舗移転のため，店舗用の建物を購入し，代金¥10,000,000 は当座預金で支払い，登記費用¥100,000 は現金で支払った。

（2）商品棚を購入し，代金¥80,000 は月末に支払うことにした。引取運賃および据付費¥10,000 は小切手を振り出して支払った。

（3）営業用乗用車を1台購入し，代金¥960,000 と登録手数料¥20,000 は小切手を振り出して支払った。

（4）倉庫用の土地を¥4,000,000 で購入し，代金は小切手を振り出して支払った。仲介手数料と整地費用¥200,000 は現金で支払った。

（5）破損していた店舗の床の補修と，防犯のため店舗の窓ガラスをすべて防犯ガラスに取り換え，代金¥2,500,000 は小切手を振り出して支払った。代金のうち¥500,000 は床の補修費用である。

	借 方 科 目	金　　額	貸 方 科 目	金　　額
（1）				
（2）				
（3）				
（4）				
（5）				

問題2　次の減価償却の処理を「直接法」と「間接法」のそれぞれの方法で仕訳しなさい。

（1）決算（年1回）にあたり，当期首に¥2,000,000で取得した販売用店舗について定額法で減価償却を行う。耐用年数は20年，残存価額は取得原価の10％である。

（2）決算日に，当期首に¥300,000で取得した備品について定額法で減価償却を行う。耐用年数は3年，残存価額は¥0である。

「直接法」

	借 方 科 目	金　　額	貸 方 科 目	金　　額
（1）				
（2）				

「間接法」

	借 方 科 目	金　　額	貸 方 科 目	金　　額
（1）				
（2）				

問題3　次の取引を仕訳しなさい。

決算日につき，当期の8月1日に¥3,000,000で購入した機械装置（耐用年数は6年，残存価額は取得原価の10％）について定額法で減価償却を行う。減価償却費は月割で計算している。会計期間は1月1日から12月31日までである。間接法で仕訳する。

借方科目	金　額	貸方科目	金　額

問題4 次の固定資産台帳の記入にもとづいて，以下に示す備品勘定および備品減価償却累計額勘定を完成させなさい。なお，備品はすべて定額法によって減価償却を行っており，減価償却費は月割で計算している。また，当期は X5 年 3 月 31 日を決算日とする 1 年間である。

固 定 資 産 台 帳　　　　　　　　　　　　X5 年 3 月 31 日現在

取得年月日	種類・用途	数量	耐用年数	償却方法	期首（期中取得）取得原価	期首減価償却累計額	差引期首（期中取引）帳簿価額	当期減価償却費
X2 年 4 月 1 日	備品 a	5	8 年	定額法	800,000	200,000	600,000	100,000
X3 年 6 月 1 日	備品 b	3	5 年	定額法	240,000	40,000	200,000	48,000
X4 年 8 月 1 日	備品 c	2	6 年	定額法	288,000	0	288,000	32,000
小計					1,328,000	240,000 ④	1,088,000	180,000 ⑤

備　　　品

X4/4/1	前期繰越	（　　　　）	X5/3/31	次期繰越	（　　　　）
X4/8/1	当座預金	（　　　　）			
		（　　　　）			（　　　　）

備品減価償却累計額

X5/3/31	次期繰越	（　　　　）	X4/4/1	前期繰越	（　　　　）
			X5/3/31	（　　　　）（　　　　）	
		（　　　　）			（　　　　）

問題5 次の取引を仕訳しなさい。

（1）機械装置（取得原価￥350,000，帳簿価額￥50,000，直接法で記入）を￥80,000 で売却し，代金は現金で受け取った。

（2）営業用のトラック（取得原価￥9,000,000，帳簿価額￥2,000,000，直接法で記入）を￥900,000 で売却し，代金は現金で受け取った。

（3）備品（取得原価￥300,000，備品減価償却累計額￥90,000，間接法で記入）を￥250,000 で売却し，代金は後日に受け取ることとした。

（4）備品（取得原価￥500,000，備品減価償却累計額￥200,000，間接法で記入）を￥250,000 で売却し，代金は後日に受け取ることとした。

（5）決算（12月31日）にあたり，備品￥440,000につき定額法（耐用年数10年，残存価額は￥0，間接法で記入）により減価償却を行う。減価償却費は月割で計算している。備品￥440,000のうち￥200,000は前年度期首に取得し，残り￥240,000は今年度の11月1日に取得し使用している。

（6）備品（取得原価￥550,000，備品減価償却累計額￥148,500，間接法で記入）を￥300,000で売却し，代金は後日に受け取ることとした。

	借 方 科 目	金 額	貸 方 科 目	金 額
（1）				
（2）				
（3）				
（4）				
（5）				
（6）				

第11章
資　本

> **ポイント**
> 　本章では，株式会社の一連の会計処理について説明します。
>
> 📖 **キーワード**
> 　株式会社の設立，株式の発行，利益準備金，繰越利益剰余金，未払配当金

① 株式会社の設立と株式の発行

　株式会社をつくることを株式会社の設立といいます。株式会社を設立する場合，その元手となる資金は，株式という会社の所有権を均一に分割した権利を株主に買い取ってもらい集めます。株主から払い込まれた資金の金額（株式の払込金額）は，設例11－1のように，**資本金勘定**（純資産）の増加として貸方に記入します。

　発行することができる株式数は，発行可能株式総数として株式会社設立時にあらかじめ決めておかなければなりません。また，すべての株式を会社設立時に発行する必要はなく，営業開始後に追加で発行することもできます。会社設立後に株式を追加発行することを**増資**といいます。株式を追加で発行した場合も，資本金勘定の貸方に記入します。

設例11－1　株式会社設立にあたり，株式を発行し，株主からの払込金が当座預金口座に振り込まれた。

（借）当座預金　×××　　（貸）**資　本　金**　×××

【勘定記入パターン】

資本金	
	×××

例題11-1　次の取引について仕訳しなさい。
　　　　（1）名古屋商会は設立にあたり，株式 2,000 株を＠￥5,000 で発行し，株主か
　　　　　　らの払込金が当座預金口座に振り込まれた。
　　　　（2）名古屋商会は，株主総会で決議した増資により新たに株式 500 株を
　　　　　　＠￥7,500 で発行し，株主からの払込金が当座預金口座に振り込まれた。

《解　答》
（1）（借）当 座 預 金　10,000,000　　（貸）資　本　金　10,000,000
（2）（借）当 座 預 金　 3,750,000　　（貸）資　本　金　 3,750,000

❷ 剰余金の配当と処分

　剰余金は，会社の成長，安定した経営，研究開発，株主への配当などに用いられる金額
で，資本取引の結果生じた**資本剰余金**と，会社の経営活動によって得た利益のうち，社内
に留保された金額の**利益剰余金**に区分されます。

　利益剰余金は，会社の財政安定と債権者保護を目的として，**利益準備金とその他利益準
備金**の２つに分かれます。利益準備金は，会社法によって積立が義務付けられている法定
準備金です。また，その他利益準備金は，**任意積立金と繰越利益剰余金**に分かれます。

　株式会社では，会社が獲得した利益の利用方法を，株主総会において出資者である株主
に承認してもらう必要があります。この利益の利用方法を決めることを**剰余金の処分**とい
います。剰余金の処分は，現金など社内留保した利益の利用方法を決めることをいいます。
たとえば，利益準備金や任意積立金への振替などがあります。一方，現金などの社外流出
を伴う剰余金の処分もあります。これを**剰余金の配当**といい，会社が獲得した利益を，出
資者である株主に還元する，言い換えれば，株主に利益を分配する，ことをいいます。

（1）決算時の振替仕訳

　株式会社は，決算において，収益および費用に属するすべての勘定の金額を**損益勘定**に
振り替えます（**損益振替手続**）。次に，損益勘定に集められた収益と費用の差額を，当期の
純利益（収益の金額が費用の金額より多い場合）または純損失（収益の金額が費用の金額より少
ない場合）として計算し，設例 11 - 2 のように，翌期に繰り越すため**繰越利益剰余金勘定**
（純資産） に振り替えます（**資本振替手続**）。

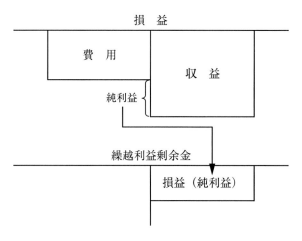

図表 11 － 1　純利益を繰越利益剰余金に振り替える場合

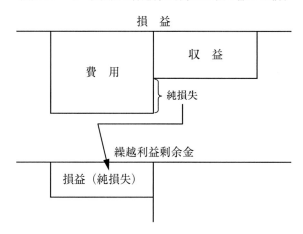

図表 11 － 2　純損失を繰越利益剰余金に振り替える場合

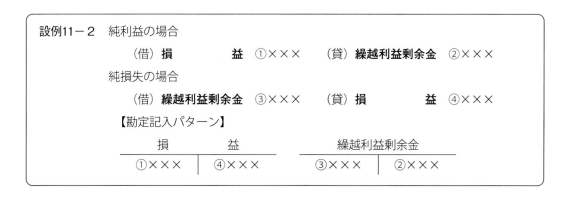

設例11－2　純利益の場合

　　　　　（借）**損　　　　　益**　①×××　　（貸）**繰越利益剰余金**　②×××

　純損失の場合

　　　　　（借）**繰越利益剰余金**　③×××　　（貸）**損　　　　　益**　④×××

【勘定記入パターン】

損	益	繰越利益剰余金	
①×××	④×××	③×××	②×××

例題11－2　次の取引について仕訳しなさい。

(1) 決算につき，名古屋商会は純利益を計上し，損益勘定の貸方残高 ¥600,000 を繰越利益剰余金勘定に振り替える資本振替仕訳を行った。

(2) 決算につき，名古屋商会は収益 ¥5,000,000 と費用 ¥6,000,000 をそれぞれ計上し，差額を繰越利益剰余金勘定に振り替える資本振替仕訳を行った。

《解　答》

(1)（借）損　　　　益　　　600,000　　　（貸）繰越利益剰余金　　　600,000

(2)（借）繰越利益剰余金　1,000,000　　　（貸）損　　　　益　　　1,000,000

(2) 繰越利益剰余金の配当と利益準備金の計上

前述したように，配当とは会社の利益を株主に分配することをいいます。配当の財源はおもに繰越利益剰余金（利益の未処分残高）ですが，その他資本剰余金（資本金や資本準備金の取崩しによって生じる剰余金）も対象とすることができます。配当金は，株主総会での承認後に支払われるため，設例11－3の①のように，配当額は，実際に支払われるまでの間，繰越利益剰余金勘定（純資産）から**未払配当金勘定（負債）**へ振替処理を行います。設例11－3の②のように，未払配当金は後日その金額が預金口座から引き落とされることにより決済されます。

会社法では，配当を行った際にその10分の1を利益準備金として積み立てなくてはならないことになっています。利益準備金は，原則として，配当の源泉にはできません。会社法は，配当を行うごとに利益準備金の計上を要求して，会社財産の過度な流出が生じないようにしています。

設例11－3　① 実際に支払われるまでの間，配当金を繰越利益剰余金勘定（純資産）から未払配当金へ振り替え，配当金の10分の1を利益準備金として積み立てた。

② 未払配当金が普通預金口座から引き落とされた。

① （借）繰越利益剰余金　　×××　　（貸）**未 払 配 当 金**　　×××

　　　　　　　　　　　　　　　　　　　　　　利 益 準 備 金　※×××

　　　　　　　　　　　　　　　　　　　※配当金の10分の1の金額

② （借）**未 払 配 当 金**　　×××　　（貸）普 通 預 金　　×××

【勘定記入パターン】

未 払 配 当 金		繰越利益剰余金	
②×××	①×××		①×××

例題11－3　次の連続する取引を仕訳しなさい。

　　　　　（1）名古屋商会は，決算の結果，純利益￥2,000,000 を計上した。繰越利益剰
　　　　　　　　余金勘定の貸方残高は￥5,000,000 ある。

　　　　　（2）名古屋商会は株主総会を開催し，繰越利益剰余金勘定のうち￥800,000 を
　　　　　　　　配当する決議を行った。なお，利益準備金も計上した。

　　　　　（3）名古屋商会は，株主総会の翌日に，配当金を当座預金口座から支払った。

《解　答》

（1）（借）損　　　　　　　益　2,000,000　　　（貸）繰越利益剰余金　2,000,000

（2）（借）繰越利益剰余金　　880,000　　　（貸）未 払 配 当 金　　800,000
　　　　　　　　　　　　　　　　　　　　　　　　利 益 準 備 金　　　80,000

（3）（借）未 払 配 当 金　　800,000　　　（貸）当 座 預 金　　800,000

練習問題

問題1　次の取引を仕訳しなさい。

　　　　（1）株式会社の設立にあたり，1 株当たり￥600 で株式を 200 株発行し，払込金を普
　　　　　　　通預金とした。発行価額の全額を資本金とする。

　　　　（2）増資を行うことになり，1 株当たり￥650 で株式を新たに 100 株発行し，出資者
　　　　　　　より払込金が当座預金口座に振り込まれた。発行価額の全額を資本金とする。

　　　　（3）第 1 期決算の結果，純利益￥90,000 を計上した。

　　　　（4）株主総会において繰越利益剰余金￥195,000 の処分が承認された。株主への配当
　　　　　　　金は￥150,000，利益準備金の積み立ては￥15,000，別途積立金は￥30,000 ある。

　　　　（5）上記（4）の配当金を現金で支払った。

	借 方 科 目	金 額	貸 方 科 目	金 額
（1）				
（2）				
（3）				
（4）				
（5）				

問題2 次の取引を仕訳しなさい。

名古屋商会の株主総会において，繰越利益剰余金を財源とした剰余金を次のように処分することが決議された。利益準備金残高は，¥2,500,000である。

株主配当金	¥6,000,000	利益準備金	¥　？	（各自計算）
資　本　金	¥55,000,000	資本準備金	¥3,200,000	

借 方 科 目	金 額	貸 方 科 目	金 額

第12章
収益と費用

> **ポイント**
>
> 　本章では，発生主義会計システムにおける収益と費用の計上方法について説明します。
>
> 📖 **キーワード**
>
> 収益と費用の意味と種類，費用の前払い，収益の前受け，費用の未払い，収益の未収，消耗品費，貯蔵品

① 収益と費用とは

　第2章でも説明しましたが，**収益**は企業活動の成果として資本が増加する原因をいいます。それに対して，**費用**は企業活動の成果を得るための犠牲や努力分または損失分として資本が減少する原因をいいます。本書で取り扱う収益および費用の勘定科目には，次のようなものがあります。

【収益の勘定科目】
- ・売　　　　　　上：本業により受け取った対価，商品売買業では商品の販売による対価。
- ・受　取　家　賃：本業以外で，建物などを貸したことにより受け取った家賃。
- ・受　取　地　代：本業以外で，土地を貸したことにより受け取った地代。
- ・受　取　手　数　料：本業以外で，サービスなどの提供により受け取った手数料。
- ・受　取　利　息：預貯金や貸付金などから受け取った利息。
- ・受　取　配　当　金：株式などから受け取った配当金。
- ・固定資産売却益：建物など固定資産を売却したことにより生じた利益。
- ・償却債権取立益：前期以前に貸倒れとして処理した債権の回収額（一部または全額）。
- ・貸倒引当金戻入：決算日に貸倒引当金残高が当期の貸倒見積額を超えている差額分。

・雑　　　　　益：どの収益にも該当しない少額の利益。

収益の勘定は発生したときに貸方に仕訳します。

【費用の勘定科目】
・仕　　　　　入：販売のために仕入れた商品の代金（付随費用を含む）。
・発　送　　費：商品を販売したときの発送運賃。
・給　　　　　料：従業員などに支払う給料や諸手当。
・広 告 宣 伝 費：販売促進効果を狙ったテレビ CM，新聞，雑誌，看板，ネット広告
　　　　　　　　　などの料金。
・支 払 手 数 料：振込手数料や取引仲介料など受けたサービスに対する手数料。
・支 払 利　息：金融機関からの借入金や社債に対して支払う利息。
・旅 費 交 通 費：営業活動のために支出した交通費や宿泊費など。
・通　信　　費：電話代，切手代，インターネット通信料など。
・消 耗 品　費：コピー用紙，筆記用具，蛍光灯や LED 電球などの購入代金。
・水 道 光 熱 費：店舗や事務所の電気，ガス，水道代など。
・支 払 家　賃：借りた建物の家賃。
・支 払 地　代：借りた土地の地代。
・保　険　　料：会社で契約した損害保険料や生命保険料。
・租 税 公　課：固定資産税，自動車税，収入印紙など税金に関する支出。
・法 定 福 利 費：社会保険料の会社負担分。
・修　繕　　費：建物などの損傷や老朽化を修理するための支出。
・雑　　　　　費：どの費用にも該当しない単独で発生した重要性の低い支出。
・雑　　　　　損：どの費用にも該当しない少額の損失。
・貸 倒 損　失：売掛金，貸付金，未収金，受取手形が回収できずに発生した損失。
・貸倒引当金繰入：次期以降に生じる可能性の高い貸倒れの見積額。
・減 価 償 却 費：時の経過とともに固定資産の価値が減少した分を，費用として計上
　　　　　　　　　する金額。
・固定資産売却損：建物などを売却したことにより生じた損失。

費用の勘定は発生したときには借方に仕訳します。

② 収益と費用の前払い・前受けと未払い・未収

企業の一定の契約に従い継続してサービスを受けたり，反対にサービスを提供したりす

る活動においては，時間の経過につれて費用や収益が発生します。そのため，実際の現金収支のタイミングと損益計算上における損益認識のタイミングがずれるケースがあります。たとえば，家屋や土地の賃貸借取引，資金の貸借取引，手数料などの継続的な取引，保険契約などがあてはまります。このようなケースに対処するため，設けられた勘定科目を**経過勘定項目**といい，企業会計原則注解5において，**前払費用**（資産），**前受収益**（負債），**未払費用**（負債），**未収収益**（資産），の4つが定義されています。経過勘定の処理とは，決算日に当期純利益を正しく計算するために，費用および収益を当期に発生した金額に修正することをいい，**(1) 費用の前払い**，**(2) 収益の前受け**，**(3) 費用の未払い**，**(4) 収益の未収**，の4つのパターンがあります。

（1）費用の前払い

　費用の前払いとは，継続してサービスを受ける契約を結び，すでにそのサービスの対価の支払いを済ませたが，当期の決算日において，まだサービスの提供を受けておらず，次期以降に受ける場合に必要となる手続きをいいます。

　12月末が決算の会社が7月1日に1年分の保険料¥12,000を現金で支払う保険契約を結んだとします。つまり，今期の半年分¥6,000（7月1日から12月31日までの6ヵ月）と翌期の半年分¥6,000（1月1日から6月30日までの6ヵ月）をまとめて支払います。

【7月1日の仕訳：保険契約を結び，1年分の保険料全額を現金で支払い】

　（借）保　険　料　12,000　　（貸）現　　　金　12,000

　12月末の決算日において，翌期以降にサービスを受ける保険料に関しては，今期の決算書に計上されないよう**決算整理仕訳**を行って，当期の財務諸表から取り除く処理をします。次ページの【12月31日の仕訳：決算整理仕訳】で示したように，翌期の6ヵ月分¥6,000を保険料勘定の貸方に記入して勘定残高を減らし，同額を**前払費用勘定**の**前払保険料**（資産）の借方に記入します。前払保険料は，次期以降に受けるサービス（保険）の対価を前払いしたことを示し，資産として翌期に繰り越されることになります。

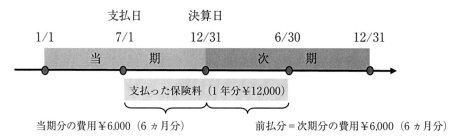

図表 12 - 1　時系列でみる費用の前払い

当期分の費用￥6,000（6ヵ月分）　　　前払分＝次期分の費用￥6,000（6ヵ月分）

当期の財務諸表から除き，次期の財務諸表に
計上する手続きを行う＝前払費用の計上

【12月31日の仕訳：決算整理仕訳】

（借）前払保険料　　6,000　　（貸）保　険　料　　6,000

この仕訳を行ったあとの保険料勘定と前払保険料勘定は次のとおりになります。

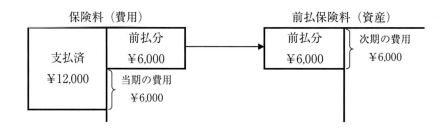

　翌期期首（翌年1月1日）には，前期に前払いした費用を計上するために行った決算整理仕訳を，元に戻す**再振替仕訳**を行います。

【1月1日の仕訳：再振替仕訳】

（借）保　険　料　　6,000　　（貸）前払保険料　　6,000

> 例題12-1　次の連続する取引を仕訳しなさい。
> 　　　　（1）X3年1月1日に1年分の家賃￥3,600,000を現金で支払った。会計期間
> 　　　　　　はX2年4月1日からX3年3月31日である。
> 　　　　（2）X3年3月31日に決算日をむかえた。よって，前払家賃を計上する。
> 　　　　（3）X3年4月1日に，再振替仕訳を行った。

《解　答》

（1）（借）支 払 家 賃　　3,600,000　　（貸）現　　　　金　3,600,000
（2）（借）前 払 家 賃　※2,700,000　　（貸）支 払 家 賃　2,700,000
（3）（借）支 払 家 賃　　2,700,000　　（貸）前 払 家 賃　2,700,000

　※ 3,600,000 ×｛9 ヵ月（X3 年 4 月 1 日〜 X3 年 12 月 31 日）｝÷ 12 ヵ月 = 2,700,000

（2）収益の前受け

　収益の前受けとは，継続してサービスを提供する契約を結び，当期の決算日にすでに対価を受け取っているが，次期以降にそのサービスを提供する場合に必要となる手続きをいいます。

　12 月末が決算の会社が 7 月 1 日に翌年 6 月までの 1 年分の保険料￥12,000 を現金で受け取る保険契約を結んだとします。つまり，当期の半年分￥6,000（7 月 1 日から 12 月 31 日までの 6 ヵ月）と次期の半年分￥6,000（1 月 1 日から 6 月 30 日までの 6 ヵ月）をまとめて受け取ります。

【7 月 1 日の仕訳：保険契約を結び，1 年分の保険料全額を現金で受け取り】

（借）現　　　　金　12,000　　（貸）保　険　料　12,000

　12 月末の決算日において，次期以降にサービスを提供する保険料は，当期の財務諸表に計上されないよう**決算整理仕訳**を行って当期の財務諸表から取り除く処理をします。次ページの【12 月 31 日の仕訳：決算整理仕訳】で示したように，次期の 6 ヵ月分￥6,000を保険料勘定の借方に記入し勘定残高を減らして，同額を**前受収益勘定**である**前受保険料（負債）**の貸方に記入します。前受保険料は，次期以降に提供するサービス（保険）の対価を前受けしたことを示しており，負債として次期に繰り越されることになります。

図表 12 − 2　時系列でみる収益の前受け

【12月31日の仕訳：決算整理仕訳】

（借）保　険　料　　6,000　　　（貸）前受保険料　　6,000

この仕訳を行ったあとの保険料勘定と前受保険料勘定は次のとおりになります。

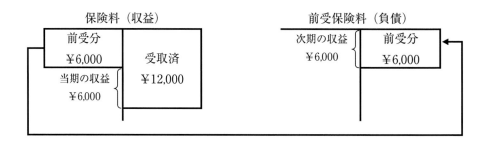

次期期首（翌年1月1日）には，前期の収益の前受けを計上するために行った決算整理仕訳を元に戻すための**再振替仕訳**を行います。

【1月1日の仕訳：再振替仕訳】

（借）前受保険料　　6,000　　　（貸）保　険　料　　6,000

例題12−2　次の連続する取引を仕訳しなさい。

（1）X3年1月1日に1年分の家賃￥3,600,000を現金で受け取った。会計期間はX2年4月1日からX3年3月31日である。

（2）X3年3月31日に決算日をむかえた。前受家賃を計上する。

（3）X3年4月1日に，再振替仕訳を行った。

《解　答》

（1）（借）現　　　　金　　3,600,000　　（貸）受　取　家　賃　3,600,000
（2）（借）受　取　家　賃　※2,700,000　　（貸）前　受　家　賃　2,700,000
（3）（借）前　受　家　賃　2,700,000　　（貸）受　取　家　賃　2,700,000
※ 3,600,000 × ｜9ヵ月（X3年4月1日〜X3年12月31日）｜ ÷ 12ヵ月 ＝ 2,700,000

（3）費用の未払い

　費用の未払いとは，継続してサービスを受ける契約を結び，決算日にすでにサービスの提供を受けたが，支払日が未到来のため，その対価が未払いとなっている場合に必要となる手続きをいいます。

　12月末が決算の会社が，7月1日に1年間の賃貸契約で店舗を借り入れ，1年分の家賃

¥12,000 は 1 年後に支払う契約を結んだとします。12 月末の決算日において，7 月 1 日から 12 月 31 日までの半年間は実際に店舗として使用していたため，この期間の家賃半年分 ¥6,000 は当期に発生した費用となります。しかしながら，後納契約のためこの半年分の家賃 ¥6,000 は，計上されていません。そこで，下記の【12 月 31 日の仕訳：決算整理仕訳】で示した**決算整理仕訳**を行って，半年分の未払いとなっている家賃 ¥6,000 を，支払家賃の借方に記入して勘定残高を増やし，同額を**未払費用勘定**である**未払家賃（負債）**の貸方に記入します。未払家賃は，将来支払うべき対価をあらわし，負債として翌期に繰り越されることになります。

図表 12 - 3　時系列でみる費用の未払い

【12 月 31 日の仕訳：決算整理仕訳】

（借）支 払 家 賃　6,000　　（貸）未 払 家 賃　6,000

この仕訳を行ったあとの支払家賃勘定と未払家賃勘定は次のとおりになります。

支払家賃（費用）		未払家賃（負債）	
未払分 ¥6,000	当期の費用 ¥6,000	次期繰越	¥6,000

　次期期首（翌年 1 月 1 日）には，前期の費用の未払いを計上するために行った決算整理仕訳を元に戻すための**再振替仕訳**を行います。

【1 月 1 日の仕訳：再振替仕訳】

（借）未 払 家 賃　6,000　　（貸）支 払 家 賃　6,000

例題12－3　次の連続する取引を仕訳しなさい。

　　　　　（1）X2年7月1日に現金￥600,000を年利率3%，貸付期間1年，利息は元
　　　　　　　　本とともに返済日に支払う契約で借り入れた。X3年3月31日の決算日に，
　　　　　　　　当期分の未払利息を計上した。

　　　　　（2）X3年4月1日に，再振替仕訳を行った。

《解　答》

（1）（借）支 払 利 息 ※13,500　（貸）未 払 利 息　13,500

（2）（借）未 払 利 息　13,500　（貸）支 払 利 息　13,500

※貸付金￥600,000×年利率3%×{9ヵ月（X2年7月1日～X3年3月31日）÷12ヵ月}＝13,500

（4）収益の未収

　収益の未収とは，継続してサービスを提供する契約を結び，決算日にすでにサービスの提供を行ったが，受取日が未到来のため，その対価が未収となっている場合に必要となる手続きをいいます。

　12月末が決算の会社が，7月1日に1年間の賃貸契約で店舗を貸し付け，1年分の家賃￥12,000は1年後に受け取る契約を結んだとします。12月末の決算日において，7月1日から12月31日までの半年間は実際に店舗として使用していたため，半年分の家賃は当期に発生した収益となります。しかしながら，後納契約のため，半年分の家賃￥6,000は，受け取っていないので計上されていません。そのため，次ページの【12月31日の仕訳：決算整理仕訳】で示したように**決算整理仕訳**を行い，未収の半年分の家賃￥6,000を受取家賃勘定の貸方に記入して勘定残高を増やし，同額を**未収収益勘定**である**未収家賃（資産）**の借方に記入します。未収家賃は，将来受け取るべき対価をあらわしており，資産として翌期に繰り越されることになります。

図表12－4　時系列でみる収益の未収

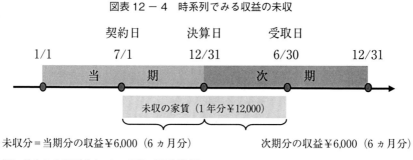

当期に発生した収益として，当期の財務諸表に
計上する手続きを行う＝未収収益の計上

【12月31日の仕訳：決算整理仕訳】

（借）未収家賃　6,000　　（貸）受取家賃　6,000

この仕訳を行ったあとの受取家賃勘定と未収家賃勘定は次のとおりになります。

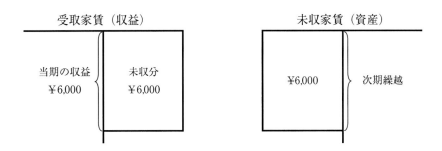

　次期期首（翌年1月1日）には，前期の収益の未収を計上するために行った決算整理仕訳を元に戻すための**再振替仕訳**を行います。

【1月1日の仕訳：再振替仕訳】

（借）受取家賃　6,000　　（貸）未収家賃　6,000

例題12-4　次の連続する取引を仕訳しなさい。
　　（1）X2年7月1日に現金￥600,000を年利率3％，貸付期間1年，利息は元本とともに返済日に受け取る契約で貸し付けた。X3年3月31日の決算日に，当期分の未収利息を計上した。
　　（2）X3年4月1日に，再振替仕訳を行った。

《解　答》
（1）（借）未収利息　※13,500　　（貸）受取利息　13,500
（2）（借）受取利息　　13,500　　（貸）未収利息　13,500
※貸付金￥600,000×年利率3％×（9ヵ月（X2年7月1日〜X3年3月31日）÷12ヵ月）＝13,500

③ 消耗品費と貯蔵品

　消耗品とは，日々の仕事で使う備品等のなかで金額が比較的安く（取得価額が10万円未満），短期間で使い切ってしまう物品をいいます。たとえば，ボールペン，クリアファイル，コピー用紙，便箋，洗剤などです。消耗品を購入したときは，設例12－1で示したように，**消耗品費勘定（費用）**で処理します。

設例12-1　クリアファイルを現金で購入した。

（借）消 耗 品 費　×××　　（貸）現　　金　×××

【勘定記入パターン】

消耗品費
×××　｜

郵便切手代，ハガキ代，電話代など通信のために必要とされる費用は，購入時に，設例12-2の①のように**通信費勘定（費用）**，収入印紙を購入したときに発生する印紙税は，購入時に，設例12-2の②のように**租税公課勘定（費用）**，とそれぞれ処理します。

決算日に，ハガキや切手，収入印紙などが未使用で残っている場合は，設例12-2の③のように，未使用分の金額を当期の費用から減らし，**貯蔵品勘定（資産）**として次期に繰り越します。このような処理は，郵便切手や収入印紙の換金性が高く，金額的に重要性が高い可能性があるためです。

設例12-2　①　ハガキを購入し，現金で支払った。

　②　収入印紙を購入し，現金で支払った。

　③　ハガキおよび収入印紙の未使用分を次期に繰り越すための処理を行った。

①　（借）通 信 費　×××　　（貸）現　　金　　　　×××

②　（借）租 税 公 課　×××　　（貸）現　　金　　　　×××

③　（借）貯 蔵 品　×××　　（貸）通 信 費（未使用分）×××

　　　　　　　　　　　　　　　　租 税 公 課（未使用分）×××

【勘定記入パターン】

通 信 費	租 税 公 課	貯 蔵 品
①××× ｜ ③×××	②××× ｜ ③×××	③××× ｜

例題12-5　次の連続する取引を仕訳しなさい。

（1）便箋￥2,000，郵便切手￥6,200，収入印紙￥100,000をそれぞれ現金で購入した。

（2）決算日に，郵便切手￥3,200，収入印紙￥20,000が未使用で残っていた。

《解　答》

（1）（借）消 耗 品 費　　2,000　　（貸）現　　金　108,200

　　　　　通 信 費　　6,200

　　　　　租 税 公 課　100,000

（2）（借）貯 蔵 品 23,200 （貸）通 信 費 3,200
租 税 公 課 20,000

練習問題

問題1　次の連続する取引を仕訳しなさい。
　　　（1）X2年1月1日に今後1年分の地代¥2,400,000を現金で支払った。会計期間は4月1日から3月31日である。
　　　（2）X2年3月31日に決算日をむかえた。前払地代を計上する。
　　　（3）X2年4月1日に，再振替仕訳を行った。

	借 方 科 目	金　　額	貸 方 科 目	金　　額
（1）				
（2）				
（3）				

問題2　次の連続する取引を仕訳しなさい。
　　　（1）X2年1月1日に今後1年分の家賃¥2,400,000を現金で受け取った。会計期間は4月1日から3月31日である。
　　　（2）X2年3月31日に決算日をむかえた。前受家賃を計上する。
　　　（3）X2年4月1日に，再振替仕訳を行った。

	借 方 科 目	金　　額	貸 方 科 目	金　　額
（1）				
（2）				
（3）				

問題3　次の連続する取引を仕訳しなさい。
　　　（1）X3年11月1日に1年契約で土地¥3,600,000を年利率2％，貸付期間1年，利息は元本とともに返済日に支払う契約で借り入れた。X4年3月31日の決算日に，当期分の未払利息を計上した。
　　　（2）X4年4月1日に，再振替仕訳を行った。

	借方科目	金額	貸方科目	金額
（1）				
（2）				

問題4 次の連続する取引を仕訳しなさい。

（1）X2年12月1日に現金¥1,000,000を年利率3%，貸付期間1年，利息は元本とともに返済日に受け取る契約で貸し付けた。X3年3月31日の決算日に，当期分の未収利息を計上した。

（2）X3年4月1日に，再振替仕訳を行った。

	借方科目	金額	貸方科目	金額
（1）				
（2）				

問題5 次の取引を仕訳しなさい。

（1）消耗品¥60,000分を購入し，現金で支払った。

（2）決算日に，費用処理済の切手¥7,000分，ハガキ¥5,000分，収入印紙¥60,000分が未使用で残っていた。

	借方科目	金額	貸方科目	金額
（1）				
（2）				

問題6 決算日（X3年12月31日）に決算整理仕訳を行う。次の1．および2．の資料にもとづいて，（1）決算整理仕訳し，決算整理後残高試算表を作成しなさい。（2）X4年1月1日に行う再振替仕訳をしなさい。

1.
決算整理前残高試算表

借方残高	勘定科目	貸方残高
228,000	保　険　料	

2．保険料は X3 年 5 月 1 日に 1 年分を前払いしたときに計上している。

（1）

日付	借方科目	金　額	貸方科目	金　額

決算整理後残高試算表

借方残高	勘定科目	貸方残高
	（　　　　）保険料	
	保　　険　　料	

（2）

日付	借方科目	金　額	貸方科目	金　額

問題7　決算日（X3 年 12 月 31 日）に決算整理仕訳を行う。次の 1．および 2．の資料にもとづいて，（1）決算整理仕訳し，決算整理後残高試算表を作成しなさい。（2）X4 年 1 月 1 日に行う再振替仕訳をしなさい。

1．　　　　　決算整理前残高試算表

借方残高	勘定科目	貸方残高
	受　取　手　数　料	80,000

2．保険料は X3 年 10 月 1 日に向こう 8 ヵ月分を受け取ったときに計上している。

（1）

日付	借方科目	金　額	貸方科目	金　額

決算整理後残高試算表

借方残高	勘定科目	貸方残高
	（　　　　）手数料	
	受　取　手　数　料	

（2）

日付	借方科目	金　額	貸方科目	金　額

問題8　決算日（X3年12月31日）に決算整理仕訳を行う。次の1．および2．の資料にもとづいて，（1）決算整理仕訳し，決算整理後残高試算表を作成しなさい。（2）X4年1月1日に行う再振替仕訳をしなさい。

1.
決算整理前残高試算表

借方残高	勘定科目	貸方残高
	借　入　金	480,000
12,000	支　払　利　息	

2.　借入金はX3年4月1日に借り入れたものであり，年利率：5%，利払日：年2回（3月末，9月末），借入期間：3年間である。なお，利息は月割計算により算定する。

（1）

日付	借方科目	金　　額	貸方科目	金　　額

決算整理後残高試算表

借方残高	勘定科目	貸方残高
	借　入　金	
	（　　　　）利　息	
	支　払　利　息	

（2）

日付	借方科目	金　　額	貸方科目	金　　額

問題9　決算日（X3年12月31日）に決算整理仕訳を行う。次の1．および2．の資料にもとづいて，（1）決算整理仕訳し，決算整理後残高試算表を作成しなさい。（2）X4年1月1日に行う再振替仕訳をしなさい。

1.
決算整理前残高試算表

借方残高	勘定科目	貸方残高
200,000	貸　付　金	

2. 貸付金はX3年4月1日に貸し付けたものであり，年利率：7.3％，利払日：年1回（3月末），貸付期間：2年間である。なお，当期経過分の利息は1年を365日とする日割計算により算定する。

（1）

日付	借方科目	金　　額	貸方科目	金　　額

決算整理後残高試算表

借方残高	勘定科目	貸方残高
	貸　　　付　　　金	
	（　　　　）利　息	
	受　取　利　息	

（2）

日付	借方科目	金　　額	貸方科目	金　　額

第13章
税　金

ポイント

本章では，税金および諸会費に関する処理について説明します。

📖 キーワード

租税公課，固定資産税，自動車税，印紙税，法人税，住民税及び事業税，法人税等，未払法人税等，仮払法人税等，仮受消費税，仮払消費税，未払消費税，税抜方式，諸会費

① 租税公課

　株式会社は，固定資産税，自動車税，印紙税などさまざまな税金を，国または地方公共団体に納めています。国に納める税金は国税，地方公共団体に納める税金は地方税です。固定資産税と自動車税は，いずれも地方税で，固定資産の所有に対して課される税金です。印紙税は国税で，特定の文書の作成に対して課される税金です。したがって，これらの税金の納付額は，固定資産の評価額や契約書の契約額などによって決定されます。なお，固定資産税は，4期分割（4月・7月・12月・翌年2月）または一括で納付します。

　固定資産税，自動車税，印紙税などを支払ったときは，**租税公課勘定**（費用）の借方に計上します。なお，租税公課勘定のかわりに，**固定資産税勘定，自動車税勘定，印紙税勘定**など具体的な税金の名称を勘定として使用することもできます。

例題13－1　次の取引を仕訳しなさい。
　　　　　（1）固定資産税の第3期分￥35,000を現金で納付した。ただし，租税公課勘定を使用する。
　　　　　（2）当年度の自動車税￥40,000を現金で納付した。ただし，租税公課勘定は使用しない。
　　　　　（3）収入印紙￥5,000を現金で購入した。ただし，租税公課勘定を使用する。
　　　　　（4）決算にあたり，上記収入印紙のうち￥2,000は未使用であったため，貯蔵品勘定へ振り替えた。
　　　　　（5）翌期首に上記（4）の再振替仕訳を行った。

《解　答》
（1）（借）租 税 公 課　35,000　　（貸）現　　　　金　35,000
（2）（借）自 動 車 税　40,000　　（貸）現　　　　金　40,000
（3）（借）租 税 公 課　 5,000　　（貸）現　　　　金　 5,000
（4）（借）貯　蔵　品　 2,000　　（貸）租 税 公 課　 2,000
（5）（借）租 税 公 課　 2,000　　（貸）貯　蔵　品　 2,000

　未使用の印紙は，決算日に貯蔵品勘定へ振り替えて，費用を繰り延べます。このように収益や費用の見越し・繰り延べの処理を行った場合には，決算日の翌日に，反対仕訳をしなければなりません。これを再振替仕訳といいます。

② 法人税，住民税及び事業税

　法人税（国税）と事業税（地方税）は，利益に対して課される税金です。企業会計上，法人税は，税引前当期純利益に税率をかけて計算しますが，実際に支払われる法人税は，税法上の課税所得に税率をかけて計算されます。したがって，損益計算書の法人税等の金額は，納税通知書の金額とは異なります。住民税（地方税）は，法人税に税率をかけた金額と，資本金や従業員数に応じた金額とを合計します。

　決算において，法人税・住民税・事業税が計算されたら，借方に**法人税，住民税及び事業税勘定**または**法人税等勘定**を計上します。この法人税・住民税・事業税は，決算日から2ヵ月以内に確定申告を行って支払われるため，貸方に**未払法人税等勘定**（負債）を計上します。未払法人税等勘定は，税額が確定して納付したときに，残高を借方に計上して，消滅させます。

例題13-2　次の連続する取引を仕訳しなさい。

（1）X1 年 3 月 31 日（決算日）における収益総額は¥5,000,000，費用総額は
　　　¥3,000,000 であった。よって，税引前当期純利益を計算して，法人税，
　　　住民税及び事業税を計上しなさい。ただし，法人税，住民税及び事業税
　　　の税率は 40％とする。
（2）X1 年 5 月 15 日に確定申告を行って，上記の法人税，住民税及び事業税
　　　を現金で納付した。

《解　答》

（1）（借）法人税, 住民税及び事業税　800,000　　（貸）未 払 法 人 税 等　800,000
（2）（借）未 払 法 人 税 等　800,000　　（貸）現　　　　　　　金　800,000

税引前当期純利益は，以下の計算式を使って求めます。

　　収益総額¥5,000,000 －費用総額¥3,000,000 ＝税引前当期純利益¥2,000,000

次に，法人税，住民税及び事業税の金額は，以下の計算式を使って求めます。

　　税引前当期純利益¥2,000,000 ×税率 0.4 ＝法人税，住民税及び事業税¥800,000

　また，株式会社は，前年度の法人税が 20 万円を超える場合，前年度の決算日の翌日か
ら 6 ヵ月経過してから 2 ヵ月以内に，中間申告を行って，中間納付しなければなりません。
　中間納付に関する仕訳は，図表13 - 1 のように仕訳して，①中間納付額を，**仮払法人
税等勘定**（資産）の借方に記入します。次に，法人税・住民税・事業税の金額が確定した
ら，法人税，住民税及び事業税勘定または法人税等勘定を借方に記入し，仮払法人税等勘
定の貸方に①中間納付額と同額を記入して，この勘定の残高を消滅させます。②法人税，
住民税及び事業税が①中間納付額より多くなる場合，②から①を差し引いた③納付額を，
未払法人税等勘定（負債）の貸方に記入します。反対に，②の金額が①の金額より少ない
場合には，（借）法人税，住民税及び事業税×××／（貸）仮払法人税等×××と仕訳し

図表13 - 1　法人税，住民税及び事業税の処理

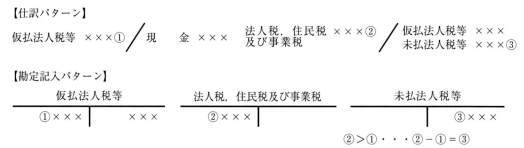

ます。ただし，仮払法人税等勘定の残高は，次期以降に処理します。

例題13－3　次の連続する取引を仕訳しなさい。
　　　　　（1）X1年11月15日に中間申告を行って，法人税，住民税及び事業税￥400,000
　　　　　　　を当座預金から納付した。
　　　　　（2）X2年3月31日（決算日）における収益総額は￥6,000,000で，費用総額
　　　　　　　は￥3,500,000（法人税等を除く）であった。よって，法人税，住民税及び
　　　　　　　事業税を計上する。ただし，法人税等の税率は40％とする。

《解　答》
（1）（借）仮 払 法 人 税 等　　400,000　　（貸）当 　 座 　 預 　 金　　400,000
（2）（借）法人税, 住民税及び事業税　1,000,000　　（貸）仮 払 法 人 税 等　　400,000
　　　　　　　　　　　　　　　　　　　　　　　　　　　　未 払 法 人 税 等　　600,000

税引前当期純利益は，以下の計算式を使って求めます。

　　収益総額￥6,000,000 － 費用総額￥3,500,000 ＝ 税引前当期純利益￥2,500,000

次に，法人税，住民税及び事業税の金額は，以下の計算式を使って求めます。

　　税引前当期純利益￥2,500,000 × 税率0.4 ＝ 法人税，住民税及び事業税￥1,000,000

③ 消費税

　消費税（国税）は，商品・製品の販売やサービスの提供に対して課される税金です。商品や製品などは，販売価格に消費税を上乗せして販売します。売り手は，図表13－2のように仕訳して，①買い手から預かった消費税を，**仮受消費税勘定**（負債）の貸方に記入します。また，②売り手自身も買い手として支払った消費税を，**仮払消費税勘定**（資産）の借方に記入します。①仮受消費税が②仮払消費税より多くなる場合，売り手は①から②を差し引いて③納付額を，**未払消費税勘定**の貸方に記入します。このような記入方式は，**税抜方式**とよばれます。

　なお，消費税は，売り手が納付者（税金を納める人）となり，買い手が担税者（税金を負担する人）となる間接税です。

図表13－2　税抜方式の処理

【仕訳パターン】

現　　　金　×××／仮受消費税　×××①　　　仮払消費税　×××②／現　　　金　×××

仮受消費税　×××／仮払消費税　×××
　　　　　　　　　未払消費税　×××③

【勘定記入パターン】

　　　　仮受消費税　　　　　　　　　　仮払消費税　　　　　　　　　　未払消費税
　　　×××│　①×××　　　　　②×××│　×××　　　　　　　　　│　③×××
　　　　　　　　　　　　　　　　　　　　　　　　　　　①＞②・・・①－②＝③

例題13－4　次の取引を仕訳しなさい。
　　　（1）商品￥500,000 を仕入れ，代金は消費税￥50,000 とともに掛とした。
　　　（2）上記商品を￥600,000 で販売し，消費税￥60,000 とともに小切手で受け
　　　　　取った。
　　　（3）決算に際し，消費税の納付額を未払消費税として計上した。
　　　（4）消費税の確定申告を行って，上記未払消費税を現金で納付した。

《解　答》
（1）（借）仕　　　　入　500,000　（貸）買　掛　金　550,000
　　　　　　仮払消費税　　50,000
（2）（借）現　　　　金　660,000　（貸）売　　　　上　600,000
　　　　　　　　　　　　　　　　　　　　仮受消費税　　60,000
（3）（借）仮受消費税　　60,000　（貸）仮払消費税　　50,000
　　　　　　　　　　　　　　　　　　　　未払消費税　　10,000
（4）（借）未払消費税　　10,000　（貸）現　　　　金　10,000

④ 諸会費

　株式会社は，商工会議所や所属する業界の組合などへ加盟料や会費を支払うことがあり
ます。加盟料や会費を支払ったときは，費用である**諸会費勘定**の借方に記入します。

例題13－5　次の取引を仕訳しなさい。
　　　　　　（1）所属する業界の組合費￥10,000 および振込手数料￥700 を，普通預金口
　　　　　　　　　座から振り込んだ。
　　　　　　（2）商工会議所に加盟したが，加盟料￥30,000 はまだ支払っていない。

《解　答》
（1）（借）諸　会　費　10,000　　（貸）普　通　預　金　10,700
　　　　　　支払手数料　　　700
（2）（借）諸　会　費　30,000　　（貸）未　払　金　30,000

　加盟料や会費を振り込むための振込手数料は，諸会費とは別に支払手数料勘定の借方に
記入します。また，まだ支払われていない加盟料などは，未払金として処理します。

練習問題

問題1　次の取引を仕訳しなさい。
　　　（1）固定資産税の第1期分￥25,000 が普通預金口座から引き落とされた。ただし，租
　　　　　税公課勘定を使用する。
　　　（2）当年度の自動車税￥35,000 を現金で納付した。ただし，租税公課勘定を使用する。
　　　（3）収入印紙￥8,000 を現金で購入した。ただし，租税公課勘定は使用しない。
　　　（4）決算にあたり，未使用の収入印紙￥6,000 を貯蔵品勘定へ振り替えた。ただし，収
　　　　　入印紙は，租税公課勘定で処理している。
　　　（5）翌期首に上記（4）の再振替仕訳を行った。

	借方科目	金　　額	貸方科目	金　　額
（1）				
（2）				
（3）				
（4）				
（5）				

問題2 次の連続する取引を仕訳しなさい。

（1）X3 年 3 月 31 日（決算日）における収益総額は¥7,000,000 で，費用総額は
　　　¥4,000,000（法人税等を除く）であった。よって，法人税，住民税及び事業税を計
　　　上する。ただし，法人税等の税率は 40％とする。

（2）X3 年 5 月 20 日に確定申告を行って，上記の法人税，住民税及び事業税を当座預
　　　金から振り込んで納付した。

	借方科目	金　　額	貸方科目	金　　額
（1）				
（2）				

問題3 次の連続する取引を仕訳しなさい。

（1）X3 年 11 月 20 日に中間申告を行って，法人税，住民税及び事業税¥600,000 を普
　　　通預金から納付した。

（2）X4 年 3 月 31 日（決算日）における収益総額は¥6,500,000 で，費用総額は¥4,000,000
　　　（法人税等を除く）であった。よって，法人税，住民税及び事業税を計上する。た
　　　だし，法人税等の税率は 40％とする。

	借方科目	金　　額	貸方科目	金　　額
（1）				
（2）				

問題4 次の取引を仕訳しなさい。

（1）商品¥800,000 を仕入れ，代金は消費税¥80,000 とともに掛とした。

（2）上記商品を¥1,000,000 で売り上げ，消費税¥100,000 とともに小切手で受け取った。

（3）決算に際し，消費税の納付額を未払消費税として計上した。

（4）消費税の確定申告を行って，上記未払消費税を現金で納付した。

	借方科目	金　　額	貸方科目	金　　額
（1）				
（2）				
（3）				
（4）				

問題5　次の取引を仕訳しなさい。

（1）所属する業界の組合費￥20,000 および振込手数料￥500 を，普通預金口座から振り込んだ。

（2）商工会議所に加盟したが，加盟料￥10,000 はまだ支払っていない。

	借方科目	金　　額	貸方科目	金　　額
（1）				
（2）				

第14章
伝　票

ポイント
　本章では，３伝票の処理と仕訳集計表の作成について説明します。

📖**キーワード**
　３伝票制，入金伝票，出金伝票，振替伝票，仕訳集計表（日計表），分
　割，擬制

① ３伝票制

　通常の会計処理では，取引を仕訳帳に仕訳し，総勘定元帳へ転記します。３伝票制による**伝票会計制度**では，図表14 − 1に示すとおり取引を（1）**入金伝票**，（2）**出金伝票**，および（3）**振替伝票**の３種類の伝票に記入し，**仕訳集計表**（**日計表**）に集計してから総勘定元帳へ転記します。

図表 14 − 1　３伝票制の流れ

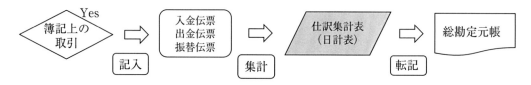

（1）入金伝票

　入金伝票は，仕訳したときに，借方が現金になる取引を記入する伝票です。この伝票には，①日付，②伝票番号，③科目，④入金先，⑤摘要，⑥金額などを記入します。

例題14-1　X1年7月31日に，名古屋商店の売掛金￥50,000を現金で受け取った取引を入金
伝票No.1に記入しなさい。

《解　答》

```
            入 金 伝 票
         X1年7月31日      No.1
┌───┬─────────┬───┬─────────┐
│ 科 │ 売  掛  金 │入金│ 名古屋商店 │
│ 目 │           │ 先 │           │
├───┴─────────┼───┴─────────┤
│  摘    要      │   金    額     │
├────────────┼────────────┤
│    回    収     │      50,000   │
└────────────┴────────────┘
```

　この取引の仕訳は，次のとおりになります。これは，借方が現金になる仕訳ですから，
入金伝票に記入します。

　　（借）現　　　金　50,000　　（貸）売　掛　金　50,000

　入金伝票の科目欄には，仕訳を考えたときの現金の相手勘定科目を記入します。ただし，
ここには1つの勘定科目しか記入できません。2つ以上ある場合の記入方法は，あとで説
明します。また，摘要欄には取引の内容を簡単に記入します。この例題では，「回収」と
記入しましたが，「受け取り」と記入してもかまいません。

（2）出金伝票

　出金伝票は，仕訳したときに，貸方が現金になる取引を記入する伝票です。この伝票に
は，①日付，②伝票番号，③科目，④出金先，⑤摘要，⑥金額などを記入します。

例題14-2　X1年7月31日に，今月分の保険料￥30,000を保険会社へ現金で支払った取引を
出金伝票No.1に記入しなさい。

《解　答》

```
            出 金 伝 票
         X1年7月31日      No.1
┌───┬─────────┬───┬─────────┐
│ 科 │ 保  険  料 │出金│ 保険会社  │
│ 目 │           │ 先 │           │
├───┴─────────┼───┴─────────┤
│  摘    要      │   金    額     │
├────────────┼────────────┤
│    今月分       │      30,000   │
└────────────┴────────────┘
```

この取引の仕訳は，次のとおりになります。これは，貸方が現金になる仕訳ですから，出金伝票に記入します。

（借）保　険　料　30,000　　（貸）現　　　金　30,000

出金伝票の科目欄にも，仕訳を考えたときの現金の相手勘定科目を記入します。ここでも，1つの勘定科目しか記入できません。摘要欄は，入金伝票と同様に取引の概要を記入します。

（3）振替伝票

振替伝票は，仕訳したときに，現金が出てこない取引を記入する伝票です。この伝票には，①日付，②伝票番号，③勘定科目，④金額，⑤摘要などを，仕訳形式で記入します。

例題14－3　X1年7月31日に，大阪商店から甲商品￥200,000を仕入れ，代金は掛とした取引を振替伝票No.1に記入しなさい。

《解　答》

振替伝票（借方）	
X1年7月31日　　No.1	
勘定科目	金　額
仕　　入	200,000
摘　要	甲商品

振替伝票（貸方）	
X1年7月31日　　No.1	
勘定科目	金　額
買　掛　金	200,000
摘　要	大阪商店

この取引の仕訳は，次のとおりになります。この仕訳には，現金が出てこないので，振替伝票に記入します。振替伝票には，この仕訳をそのまま記入します。

（借）仕　　　入　200,000　　（貸）買　掛　金　200,000

摘要欄には，商品名や商店名などを記入します。

❷ 分割と擬制

さきに述べたように，1枚の伝票には，1つの勘定科目しか記入できません。そこで，勘定科目が2つ以上ある場合には，工夫する必要があります。たとえば，商品￥250,000を現金￥50,000と売掛金￥200,000で販売した取引の仕訳は，以下のとおりになります。

（借）現 金 50,000 　（貸）売 上 250,000
　　売 掛 金 200,000

　この場合，借方に2つの勘定科目があるため，1枚の伝票だけでは記入することができません。そこで，この取引は，分割と擬制という2つの方法のどちらかによって記入します。

（1）分 割

　分割は，相手勘定が2つ以上ある売上や仕入を，相手勘定ごとに分けて，複数の伝票に記入する方法です。

例題14－4　商品￥250,000を現金￥50,000と売掛金￥200,000で販売した取引を，分割して略式伝票に記入しなさい。

《解　答》

振替伝票（借方）	振替伝票（貸方）	入 金 伝 票
売 掛 金　200,000	売 上　200,000	売 上　50,000

　この例題の処理は，売上の相手勘定ごとに，2つの仕訳に分割して，振替伝票と入金伝票に記入します。この仕訳の丸点線部分は，次に説明する擬制との相違点を示しています。

　　（借）売 掛 金 (200,000) 　（貸）売 上 (200,000) ⇒振替伝票

　　（借）現 金 50,000 　（貸）売 上 50,000 ⇒入金伝票

（2）擬 制

　擬制は，売買取引をすべていったん掛とする仕訳と，売掛金や買掛金を他の決済手段に振り替える仕訳に分けて，2枚以上の伝票に記入する方法です。

例題14－5　商品￥250,000を現金￥50,000と売掛金￥200,000で販売した取引を，擬制して略式伝票に記入しなさい。

《解　答》

振替伝票（借方）	振替伝票（貸方）	入 金 伝 票
売 掛 金　250,000	売 上　250,000	売 掛 金　50,000

この例題の処理は，掛売上の仕訳と売掛金現金回収の仕訳に擬制して，振替伝票と入金伝票に記入します。この仕訳の丸点線部分は，さきに説明した分割との相違点を示しています。

（借）売　掛　金　(250,000)　　（貸）売　　　　上　(250,000)　⇒振替伝票

（借）現　　　　金　50,000　　（貸）売　掛　金　50,000　⇒入金伝票

③ 仕訳集計表（日計表）の作成

仕訳集計表は，1日に起票された伝票を集計するための表です。したがって，日計表ともいわれます。仕訳集計表の様式は，図表14-2に示すとおりです。また，仕訳集計表への集計手順は，次のとおりです。

図表14-2　仕訳集計表の様式

仕　訳　集　計　表

X1年○月○日

借　　方	元丁	勘 定 科 目	元丁	貸　　方
①		現　　　　金		②
		売　掛　金		
		買　掛　金		
③		売　　　　上		④
		仕　　　　入		
		営　業　費		

①　現金の借方・・・入金伝票の合計金額
②　現金の貸方・・・出金伝票の合計金額
③　その他の借方・・・出金伝票にある金額＋振替伝票（借方）にある金額
④　その他の貸方・・・入金伝票にある金額＋振替伝票（貸方）にある金額

仕訳集計表に集計された金額は，総勘定元帳の勘定口座へ転記します。たとえば，現金の行の借方金額は，総勘定元帳の現金勘定借方へ転記します。そのとき摘要欄には，相手勘定のかわりに，「仕訳集計表」と記入します。転記が終了したら，仕訳集計表の元丁欄には，現金勘定の元丁番号を記入します。

また，売掛金元帳と買掛金元帳が設けられている場合には，図表14-3のルールに従って伝票から転記します。

伝票	記入する勘定	売掛金元帳	買掛金元帳
入金伝票	売掛金（商店名）	貸　方	
出金伝票	買掛金（商店名）		借　方
振替伝票（借方）	売掛金（商店名）	借　方	
	買掛金（商店名）	借　方	
振替伝票（貸方）	売掛金（商店名）		貸　方
	買掛金（商店名）		貸　方

例題14－6　当社は，3伝票制を採用し，仕入・売上の各取引は，すべていったん掛として処理している。よって，以下の問いに答えなさい。

（1）9月5日の略式の伝票から仕訳集計表（日計表）を作成しなさい。ただし，追加取引を略式伝票に記入して集計すること。

（2）仕訳集計表（日計表）から，総勘定元帳の現金・買掛金・売上の各勘定に転記しなさい。

追加取引

9月5日　京都商店に商品¥80,000を販売し，現金¥40,000を受け取り，残りは掛とした。

《解 答》

（1）

仕 訳 集 計 表
X1 年 9 月 5 日

借　　方	元丁	勘 定 科 目	元丁	貸　　方
117,000	1	現　　　　金	1	41,500
95,000		当 座 預 金		25,000
80,000		売　　掛　　金		172,000
		支 払 手 形		84,000
99,500	7	買　　掛　　金	7	60,000
		売　　　　上	18	80,000
		受 取 手 数 料		15,000
60,000		仕　　　　入		
21,000		消 耗 品 費		
5,000		雑　　　　費		
477,500				477,500

（2）

総 勘 定 元 帳

現　　金　　　　　　　　　　1

	300,000	9/5　仕 訳 集 計 表	41,500
9/5　仕 訳 集 計 表	117,000		

買　　掛　　金　　　　　　　　7

9/5　仕 訳 集 計 表	99,500		256,500
		9/5　仕 訳 集 計 表	60,000

売　　上　　　　　　　　　　18

			860,000
		9/5　仕 訳 集 計 表	80,000

追加取引は，以下のとおり振替伝票と入金伝票に記入します。なお，空欄の出金伝票は，使用しません。

振替伝票（借方）　　　　振替伝票（貸方）	入 金 伝 票
（売 掛 金）　（　80,000）　（売　　上）　（　80,000）	（売 掛 金）　（　40,000）

練習問題

> **問題1** 給料￥250,000 を現金で支払った取引を，解答欄の略式伝票に記入しなさい。なお，伝票名も記入しなさい。

```
(          ) 伝 票
(          ) (          )
```

> **問題2** 手数料￥150,000 を現金で受け取った取引を，解答欄の略式伝票に記入しなさい。なお，伝票名も記入しなさい。

```
(          ) 伝 票
(          ) (          )
```

> **問題3** 買掛金￥200,000 の支払いのために，約束手形を振り出した取引を，解答欄の略式伝票に記入しなさい。なお，伝票名も記入しなさい。

```
(          ) 伝票（借方）          (          ) 伝票（貸方）
(          ) (          )  (          ) (          )
```

> **問題4** 次の取引について，解答用紙の右側のように伝票を記入した場合，左側の振替伝票の空欄を埋めなさい。
>
> （ア）商品￥300,000 を売り渡し，現金￥100,000 を受け取って，残りは掛とした。
>
> （イ）商品￥200,000 を仕入れ，現金￥50,000 を支払って，残りは掛とした。

（ア）
```
振替伝票（借方）          振替伝票（貸方）          入 金 伝 票
(          ) (          )  (          ) (          )    売 掛 金   100,000
```

（イ）
```
振替伝票（借方）          振替伝票（貸方）          出 金 伝 票
(          ) (          )  (          ) (          )    仕   入    50,000
```

問題5 次の2組の伝票は，1つの取引を記入したものである。この伝票記入から推理して，解答欄に仕訳を答えなさい。

(ア)

振替伝票（借方）	振替伝票（貸方）
仕　　入　　350,000	買　掛　金　　350,000

出　金　伝　票
買　掛　金　　150,000

(イ)

振替伝票（借方）	振替伝票（貸方）
売　掛　金　　200,000	売　　上　　200,000

入　金　伝　票
売　　上　　200,000

(ウ)

振替伝票（借方）	振替伝票（貸方）	振替伝票（借方）	振替伝票（貸方）
受取手形　250,000	売　　上　　250,000	前　受　金　50,000	売　　上　　50,000

(ア)

借方科目	金　額	貸方科目	金　額

(イ)

借方科目	金　額	貸方科目	金　額

(ウ)

借方科目	金　額	貸方科目	金　額

問題6 横浜商店では，3伝票制を採用し，1日ごとに仕訳日計表に集計している。同店のX1年8月8日の取引について作成された以下の各伝票（略式）にもとづいて，解答欄の仕訳日計表を作成しなさい。

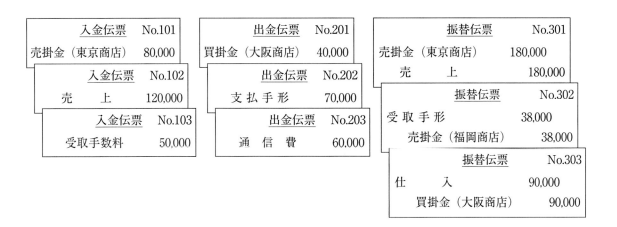

入金伝票	No.101
売掛金（東京商店）	80,000

入金伝票	No.102
売　　上	120,000

入金伝票	No.103
受取手数料	50,000

出金伝票	No.201
買掛金（大阪商店）	40,000

出金伝票	No.202
支払手形	70,000

出金伝票	No.203
通　信　費	60,000

振替伝票	No.301
売掛金（東京商店）	180,000
売　　上	180,000

振替伝票	No.302
受取手形	38,000
売掛金（福岡商店）	38,000

振替伝票	No.303
仕　　入	90,000
買掛金（大阪商店）	90,000

仕　訳　日　計　表
X1 年　　月　　日

借　　方	勘 定 科 目	貸　　方
	現　　　　金	
	受 取 手 形	
	売　掛　金	
	支 払 手 形	
	買　掛　金	
	売　　　　上	
	受 取 手 数 料	
	仕　　　　入	
	通　信　費	

問題7 11月1日に起票した次の各伝票から，解答欄にある仕訳集計表を作成し，総勘定元帳に合計転記しなさい。なお，売掛金元帳，買掛金元帳にも記入しなさい。

入 金 伝 票	
11月1日	
（売　掛　金）	84,000
札幌商店	
当 座 預 金	77,000

出 金 伝 票	
11月1日	
（買　掛　金）	70,000
釧路商店	
広 告 料	49,000

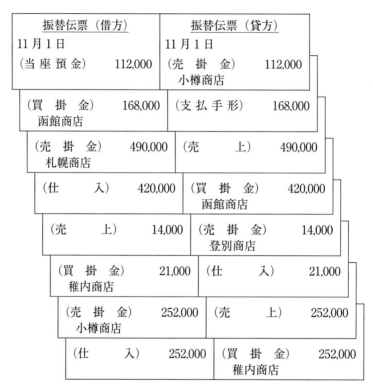

振替伝票（借方）		振替伝票（貸方）	
11月1日		11月1日	
（当 座 預 金）	112,000	（売　掛　金）	112,000
		小樽商店	
（買　掛　金）	168,000	（支 払 手 形）	168,000
函館商店			
（売　掛　金）	490,000	（売　　　上）	490,000
札幌商店			
（仕　　　入）	420,000	（買　掛　金）	420,000
		函館商店	
（売　　　上）	14,000	（売　掛　金）	14,000
		登別商店	
（買　掛　金）	21,000	（仕　　　入）	21,000
稚内商店			
（売　掛　金）	252,000	（売　　　上）	252,000
小樽商店			
（仕　　　入）	252,000	（買　掛　金）	252,000
		稚内商店	

仕　訳　集　計　表
X1年　月　日

借　　方	元丁	勘定科目	元丁	貸　　方
		現　　　　金		
		当　座　預　金		
		売　　掛　　金		
		支　払　手　形		
		買　　掛　　金		
		売　　　　上		
		仕　　　　入		
		広　　告　　料		

総　勘　定　元　帳

現　　　金　　　　　　　　　　1

11/1	前　期　繰　越	×××		

当　座　預　金　　　　　　　2

11/1	前　期　繰　越	×××		

売　　掛　　金　　　　　　　4

11/1	前　期　繰　越	×××		

支　払　手　形　　　　　　　12

買　　掛　　金　　　　　　　13

			11/1　前　期　繰　越	×××

売　　　上　　　　　　　　20

仕　　　入　　　　　　　　30

広　　告　　料　　　　　　　31

売　掛　金　元　帳

札幌商店　　　　　　　　　　　1

11/1	前　月　繰　越	×××		

小樽商店　　　　　　　　　　　2

11/1	前　月　繰　越	×××		

登別商店　　　　　　　　　　　3

11/1	前　月　繰　越	×××		

買　掛　金　元　帳

釧路商店　　　　　　　　　　　1

		11/1	前　月　繰　越	×××

函館商店　　　　　　　　　　　2

		11/1	前　月　繰　越	×××

稚内商店　　　　　　　　　　　3

		11/1	前　月　繰　越	×××

第15章
決算（その２）

ポイント
　本章では，試算表の作成から貸借対照表および損益計算書の作成までの正式な一連の手順について説明します。

📖キーワード
　棚卸表，決算整理仕訳，８桁精算表，貸借対照表項目，損益計算書項目

① 決算までの手順

　決算までの手順は，図表15－1に示すように，期中の処理と決算の処理に分かれます。決算の処理には，試算表の作成から貸借対照表および損益計算書の作成まで一連の手順が必要となります。その手順は，（ア）棚卸表の作成，（イ）決算整理仕訳，（ウ）精算表の作成，（エ）決算振替仕訳，（オ）帳簿の締切，（カ）繰越試算表の作成の6つの処理です。なお，8桁精算表は，貸借対照表と損益計算書の下書きとして，網掛け部分を1つの表にまとめたものです。

図表15－1　決算までの手順

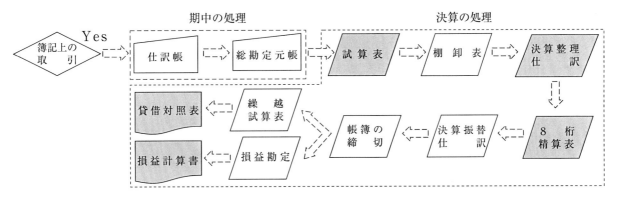

189

② 棚卸表の作成

棚卸表は，決算整理仕訳に必要な事項をまとめたものです。したがって，決算整理仕訳は，棚卸表にもとづいて行われます。棚卸表の記入例は，図表 15 - 2 に示すとおりです。

図表 15 - 2　棚卸表の記入例

棚　　卸　　表

X1 年 3 月 31 日

勘定科目	摘　　　　　要		内　　訳	金　　額
繰 越 商 品	A商品　　　50 個　　　@¥1,560		78,000	
	B商品　　　80 個　　　@¥2,350		188,000	266,000
受 取 手 形	期末残高		300,000	
	貸倒引当金　受取手形残高の 2 %		6,000	294,000
備　　　品	パソコン　　　取得原価		200,000	
	当期減価償却額		22,500	177,500

③ 決算整理仕訳

決算整理仕訳は，帳簿を締め切る前に，期中に行った処理を修正するための仕訳です。おもな決算整理仕訳には，(1) 売上原価の計算（第 6 章），(2) 貸倒引当金の設定（第 7 章），(3) 減価償却費の計上（第 10 章），(4) 費用・収益の繰り延べ・見越し（第 12 章），(5) 現金過不足の処理（第 5 章），(6) 仮払金・仮受金の処理（第 9 章），(7) 貯蔵品の処理（第 12 章），(8) 法人税，住民税及び事業税の計上（第 13 章），(9) 未払消費税の計上（第 13 章）などがあります。

ここでは，あらためて決算整理仕訳について説明しておきます。

（1）売上原価の計算

商品売買に関する記帳法に 3 分法を用いる場合は，決算において，決算整理仕訳および決算振替仕訳を行って，売上総利益を計算する必要があります。

決算整理仕訳は，以下に示す計算を仕入勘定で行うために必要な仕訳です。

　　期首商品棚卸高（ a ）＋当期商品仕入高（ b ）－期末商品棚卸高（ c ）＝売上原価（ d ）

決算振替仕訳は，以下に示す計算を損益勘定で行うために必要な仕訳です。

当期売上高（e）－売上原価（d）＝売上総利益（f）

以上の仕訳の結果，図表15－3に示すように，仕入勘定は売上原価（d）を示します。

図表15－3　売上原価（仕入）および売上総利益（損益）の計算

繰 越 商 品			
前 期 繰 越	300	b 仕　　入	300
c 仕　　入	400	次 期 繰 越	400

仕　　入			
a 純仕入高	1,500	c 繰越商品	400
b 繰越商品	300	d 損　　益	1,400

売　　上			
e 損　　益	2,000	e 純売上高	2,000

損　　益			
d 仕　　入	1,400	e 売　　上	2,000
f　売上総利益　600			

＊仕入勘定から損益勘定への振替額が売上原価（d）となります。

例題15－1　次の資料によって，①仕入勘定で売上原価を計算するために必要な決算整理仕訳を行いなさい。また，②仕入勘定と売上勘定を損益勘定へ振り替える決算振替仕訳も示しなさい。

【資料】

期首商品棚卸高	￥300	純仕入高	￥1,500
期末商品棚卸高	￥400	純売上高	￥2,000

《解　答》

① 決算整理仕訳

b （借）仕　　　　入　　300　　（貸）繰 越 商 品　　300

c （借）繰 越 商 品　　400　　（貸）仕　　　　入　　400

② 決算振替仕訳

e （借）売　　　　上　2,000　　（貸）損　　　　益　2,000

d （借）損　　　　益　1,400　　（貸）仕　　　　入　1,400

以上の方法とは別の方法もあります。それは，仕入勘定のかわりに売上原価勘定を使って，売上原価を計算する方法です。これは，売上原価の計算に必要な繰越商品勘定の前期繰越，仕入勘定の残高（純仕入高）および棚卸表の繰越商品を，決算整理仕訳によって，売上原価勘定へ振り替える方法です。その結果，図表15－4のように，売上原価勘定で売上原価（d）が示されます。

図表15－4　売上原価（売上原価）および売上総利益（損益）の計算

繰越商品

| 前期繰越 | 300 | b 売上原価 | 300 |
| c 売上原価 | 400 | 次期繰越 | 400 |

売上原価

| a 仕　入 | 1,500 | c 繰越商品 | 400 |
| b 繰越商品 | 300 | d 損　益 | 1,400 |

仕　入

| 純仕入高 | 1,500 | a 売上原価 | 1,500 |

損　益

| d 売上原価 | 1,400 | e 売　上 | 2,000 |
| f 売上総利益 | 600 | | |

売　上

| e 損　益 | 2,000 | e 純売上高 | 2,000 |

＊売上原価勘定から損益勘定への振替額が売上原価
（d）となります。

例題15－2　例題15－1の資料によって，①売上原価勘定で売上原価を計算するために必要な決算整理仕訳を行いなさい。また，②売上原価勘定と売上勘定を損益勘定へ振り替える決算振替仕訳も示しなさい。

《解　答》

①　決算整理仕訳

a　（借）売　上　原　価 1,500　（貸）仕　　　　　入 1,500

b　（借）売　上　原　価 300　（貸）繰　越　商　品 300

c　（借）繰　越　商　品 400　（貸）売　上　原　価 400

②　決算振替仕訳

e　（借）売　　　　　上 2,000　（貸）損　　　　　益 2,000

d　（借）損　　　　　益 1,400　（貸）売　上　原　価 1,400

　なお，商品売買に関する記帳法に分記法を用いる場合は，売上取引ごとに商品売買益が計上され，商品売買益勘定に売上総利益が集計されます。したがって，売上原価を計算するための決算整理仕訳は必要ありません。ただし，例題15－3に示すように，商品売買益勘定に集計された売上総利益を，損益勘定へ振り替える決算振替仕訳は必要です。

例題15－3　商品売買益勘定（収益）の貸方残高￥600を損益勘定へ振り替える決算振替仕訳を示しなさい。

《解　答》

（借）商　品　売　買　益 600　（貸）損　　　　　益 600

（2）貸倒引当金の設定

　商品代金を後日受け取る権利である受取手形，売掛金および電子記録債権は，現金を必ず受け取れるとは限りません。たとえば，その債務者が倒産などの理由によって，返済できなくなるかもしれないからです。もし，そうなった場合を債権の貸し倒れといいます。当期に発生した売上債権は，そのような危険に備えて，当期の利益を減らして，その分社内に残しておく必要があります。そのために，（借）貸倒引当金繰入×××／（貸）貸倒引当金×××という仕訳が行われます。ただし，貸倒引当金を設定する場合，貸倒見積額から貸倒引当金残高を差し引いた額がプラスであれば，その差額は貸倒引当金の繰入額となります（差額補充法）。逆に，その差額がマイナスであれば，（借）貸倒引当金×××／（貸）貸倒引当金戻入×××という仕訳を行って貸倒引当金を減額しなければなりません（差額戻入法）。この差額補充法と差額戻入法をあわせて，差額調整法とよびます。

例題15－4　決算にあたり売掛金¥500,000 の 2%に貸倒引当金を設定する仕訳を示しなさい。ただし，貸倒引当金残高は¥3,000 ある。

《解　答》

　（借）貸倒引当金繰入　7,000　　（貸）貸 倒 引 当 金　7,000

　※¥500,000 × 0.02 －¥3,000 ＝¥7,000

例題15－5　決算にあたり売掛金¥100,000 の 2%に貸倒引当金を設定する仕訳を示しなさい。ただし，貸倒引当金残高は¥3,000 ある。

《解　答》

　（借）貸 倒 引 当 金　1,000　　（貸）貸倒引当金戻入　1,000

　※¥100,000 × 0.02 －¥3,000 ＝－¥1,000

（3）減価償却費の計上

　減価償却費を計上するには，2つの点に注意しなければなりません。1つは，減価償却費の計算方法を何にするかであり，もう1つは，記帳方法をどうするかです。減価償却費の計算方法は，いくつかありますが，おもなものは定額法と定率法です。記帳方法には，直接法と間接法の2つの方法があります。

①　定額法と定率法

　定額法は，以下の計算式によって，減価償却費を計算する方法です。この方法によれば，毎期の減価償却費は一定になります。取得原価は，購入価額に付随費用を加えた金額で，

残存価額は，処分価値になります。耐用年数は，使用可能な年数ですが，一般的には税法に定められた耐用年数表の年数を用います。残存価額は，スクラップ価値ですが，現在ではその価値がなくなっているため，ゼロとなる場合が多いです。

（取得原価－残存価額）÷耐用年数＝減価償却費

定率法は，以下の計算式によって，減価償却費を計算する方法です。この方法は，毎期未償却額を一定の割合（定率）で償却していく方法ですから，毎期の減価償却費は年々逓減していきます。定率は，税法で定められた償却率を用います。

（取得原価－既償却額）×定率法償却率＝減価償却費

② 直接法と間接法

直接法は，（借）減価償却費×××／（貸）○○（固定資産）×××と仕訳して，固定資産を直接減額していく記帳方法です。間接法は，（借）減価償却費×××／（貸）○○減価償却累計額×××と仕訳して，固定資産を直接減額しない記帳方法です。

例題15－6　備品￥800,000を以下の条件で，定額法と定率法で減価償却費を計算し，それぞれ直接法と間接法による仕訳を示しなさい。
＜条件＞　残存価額　0（ゼロ）　耐用年数　5年　定率法償却率　0.4
取得日　前期期首

《解　答》
＜直接法＞
定額法　（借）減 価 償 却 費　160,000[※1]　（貸）備　　　　　　品　160,000
定率法　（借）減 価 償 却 費　192,000[※2]　（貸）備　　　　　　品　192,000
＜間接法＞
定額法　（借）減 価 償 却 費　160,000　（貸）備品減価償却累計額　160,000
定率法　（借）減 価 償 却 費　192,000　（貸）備品減価償却累計額　192,000
※1（￥800,000－￥0）÷5年＝￥160,000
※2（￥800,000－￥800,000×0.4）×0.4＝￥192,000

（4）費用・収益の繰り延べ・見越し

わが国の企業会計原則（第二損益計算書原則一・A）によれば，「すべての費用及び収益は，その支出及び収入に基づいて計上」することになっています。費用は，現金を支払ったときに仕訳し，収益は，現金を受け取ったときに仕訳するという意味です。しかしながら，

支出と収入にもとづいて仕訳された費用と収益がすべて当期に関係するものとは限りません。当期に関係のない費用や収益は，前払費用または前受収益として当期の損益計算から取り除く必要があります。そして，翌日にこの仕訳の反対仕訳である**再振替仕訳**を行います。その処理は，以下のとおりです。

例題15－7　①　決算にあたり前受手数料￥30,000を計上した。

②　決算日の翌日に再振替仕訳を行った。

《解　答》

①　(借) 受 取 手 数 料　30,000　　(貸) 前 受 手 数 料　30,000

②　(借) 前 受 手 数 料　30,000　　(貸) 受 取 手 数 料　30,000

例題15－8　①　決算にあたり前払手数料￥50,000を計上した。

②　決算日の翌日に再振替仕訳を行った。

《解　答》

①　(借) 前 払 手 数 料　50,000　　(貸) 支 払 手 数 料　50,000

②　(借) 支 払 手 数 料　50,000　　(貸) 前 払 手 数 料　50,000

まだ支払っていない費用または受け取っていない収益も，当期に関係するものであれば，当期の費用または収益に含めなければなりません。当期に関係する収入・支出の伴わない費用または収益は，未払費用または未収収益として当期の損益計算に含める必要があります。そして，翌日にこの仕訳の反対仕訳である**再振替仕訳**を行います。その処理は，以下のとおりです。

例題15－9　①　決算にあたり未払保険料￥90,000を計上した。

②　決算日の翌日に再振替仕訳を行った。

《解　答》

①　(借) 保 　 険 　 料　90,000　　(貸) 未 払 保 険 料　90,000

②　(借) 未 払 保 険 料　90,000　　(貸) 保 　 険 　 料　90,000

例題15－10　①　決算にあたり未収手数料￥120,000を計上した。

②　決算日の翌日に再振替仕訳を行った。

《解答》

① （借）未 収 手 数 料 120,000   （貸）受 取 手 数 料 120,000

② （借）受 取 手 数 料 120,000   （貸）未 収 手 数 料 120,000

費用・収益の繰り延べ・見越しに関する要点をまとめれば，以下のとおりになります。

① 前払いと未収は借方に，未払いと前受けは貸方に計上する。

② 前払いと未払いの相手勘定は費用，未収と前受けの相手勘定は収益になる。

③ 前払いと前受けは繰り延べ，未払いと未収は見越しを処理する勘定で，繰り延べは次期の金額，見越しは当期の金額で仕訳する。

図表15－5は，以上①から③までの規則をまとめたものです。

図表15－5　繰り延べ・見越しの規則

相手勘定	借方	貸方	処理
費　用	前払い	未払い	前は繰り延べ 次期の金額
収　益	未収	前受け	未は見越し 当期の金額

（5）現金過不足の処理

　現金の帳簿残高より実際有高が少ない場合，不足額を（借）現金過不足×××／（貸）現金×××と仕訳します。決算日まで借方にある現金過不足の原因が不明な場合には，（借）雑損×××／（貸）現金過不足×××と仕訳して，現金過不足勘定を消す必要があります。なぜなら，現金過不足勘定は，仮の勘定であるからです。

　その反対に，現金の帳簿残高より実際有高が多い場合，過剰額を（借）現金×××／（貸）現金過不足×××と仕訳します。決算日まで貸方にある現金過不足の原因が不明な場合には，（借）現金過不足×××／（貸）雑益×××と仕訳して，仮の勘定である現金過不足勘定を消す必要があります。

例題15－11　① 決算日まで現金過不足¥30,000（借方）の原因が不明であった。

　　　　　　② 決算日まで現金過不足¥50,000（貸方）の原因が不明であった。

《解答》

① （借）雑　　　　　損 30,000   （貸）現 金 過 不 足 30,000

② （借）現 金 過 不 足 50,000   （貸）雑　　　　　益 50,000

（6）仮払金・仮受金の処理

　理由がわからず現金を支払った場合には，（借）仮払金×××／（貸）現金×××と仕訳します。反対に理由がわからず現金を受け取った場合には，（借）現金×××／（貸）仮受金×××と仕訳します。仮払金と仮受金は，決算日までに適切な勘定へ振り替えなければなりません。

例題15−12　①　決算日に仮払金￥40,000の原因が手数料の支払いであることが判明した。
　　　　　　②　決算日に仮受金￥80,000の原因が売掛金の回収であることが判明した。

《解　答》

① （借）支 払 手 数 料　40,000　　（貸）仮　　払　　金　40,000
② （借）仮　受　金　80,000　　（貸）売　　掛　　金　80,000

（7）貯蔵品の処理

　収入印紙や切手は，購入した時点で租税公課や通信費で処理します。収入印紙や切手を使用しないまま金庫などに保管している場合には，租税公課や通信費を貯蔵品勘定に振り替えなければなりません。ただし，金額が僅少で，さほど重要ではない場合には，振り替える必要はありません。

例題15−13　決算日に未使用の収入印紙￥70,000があった。

《解　答》

（借）貯　　蔵　　品　70,000　　（貸）租 税 公 課　70,000

（8）法人税，住民税及び事業税の計上

　法人税・住民税・事業税の中間申告を行った場合，（借）仮払法人税等×××／（貸）現金×××と仕訳します。法人税・住民税・事業税が確定した場合，借方に法人税，住民税及び事業税と仕訳して，貸方に中間申告で納付した仮払法人税等と，確定額から中間納付額を差し引いた額を，未払法人税等と仕訳します。

例題15−14　法人税・住民税・事業税は￥300,000を計上した。ただし，中間納付額が￥150,000ある。

《解答》

（借）法人税, 住民税及び事業税　300,000　　（貸）仮 払 法 人 税 等　150,000

　　　　　　　　　　　　　　　　　　　　　　未 払 法 人 税 等　150,000

（9）未払消費税の計上

　消費税の処理には，税抜方式と税込方式とがあります。それぞれの処理は，例題15－15に示すとおりです。

例題15－15　次の取引を税抜方式と税込方式によって仕訳しなさい。
　　　　　（1）商品￥100,000 を仕入れ，代金はその消費税￥10,000 とともに掛とした。
　　　　　（2）上記商品を￥150,000 で売り渡し，代金はその消費税￥15,000 とともに
　　　　　　　掛とした。
　　　　　（3）税務署から消費税￥15,000 の納付書が送付されてきた。
　　　　　（4）消費税額￥5,000 を普通預金から納付した。

《解答》
＜税抜方式＞
（1）（借）仕　　　　　　入　100,000　　（貸）買　　掛　　金　110,000
　　　　　仮 払 消 費 税　 10,000
（2）（借）売　　掛　　金　165,000　　（貸）売　　　　　　上　150,000
　　　　　　　　　　　　　　　　　　　　　仮 受 消 費 税　 15,000
（3）（借）仮 受 消 費 税　 15,000　　（貸）仮 払 消 費 税　 10,000
　　　　　　　　　　　　　　　　　　　　　未 払 消 費 税　　5,000
（4）（借）未 払 消 費 税　　5,000　　（貸）普 通 預 金　　5,000

＜税込方式＞
（1）（借）仕　　　　　　入　110,000　　（貸）買　　掛　　金　110,000
（2）（借）売　　掛　　金　165,000　　（貸）売　　　　　　上　165,000
（3）（借）租 税 公 課　　5,000　　（貸）未 払 消 費 税　　5,000
（4）（借）未 払 消 費 税　　5,000　　（貸）普 通 預 金　　5,000

　税抜方式では，商品売買の際に発生する消費税は，仮払消費税または仮受消費税として仕訳します。税込方式では，仮払消費税と仮受消費税は，仕入と売上に含めて仕訳されるため，仕訳にはでてきません。さらに，納税通知書を受け取った場合，税抜方式の仕訳では，仮払消費税と仮受消費税を相殺して，相殺しきれなかった額を未払消費税と仕訳しま

す。税込方式の仕訳では，未払消費税を租税公課として処理します。なお，未払消費税を納付する仕訳は，税抜方式も税込方式も同じになります。

❹ 8桁精算表

　8桁精算表は，6桁精算表にはない整理記入欄が設けられています。整理記入欄は，決算整理仕訳を記入するためのものです。残高試算表欄の金額のうち，整理記入欄に金額がなければ，資産・負債・資本勘定の金額は貸借対照表へ，収益・費用勘定の金額は損益計算書へ移動します。

　図表15－7は，8桁精算表の計算規則をまとめたものです。

図表 15 － 6　8桁精算表の記入例

精 算 表

X2 年○月○日

勘定科目	残高試算表 借方	残高試算表 貸方	整理記入 借方	整理記入 貸方	損益計算書 借方	損益計算書 貸方	貸借対照表 借方	貸借対照表 貸方
現　　　　　金	7,000						7,000	
当 座 預 金	29,000						29,000	
売 　掛 　金	19,500						19,500	
貸 倒 引 当 金		280		⊕ 110				390
繰 越 商 品	12,300		⊕ 11,800	⊖ 12,300			11,800	
貸 　付 　金	18,000						18,000	
備　　　　　品	12,000						12,000	
備品減価償却累計額		3,000		⊕ 2,250				5,250
買 　掛 　金		12,400						12,400
前 　受 　金		1,000						1,000
資 　本 　金		60,000						60,000
売　　　　　上		108,400				108,400		
受 取 家 賃		1,900		⊕ 660		2,560		
受 取 利 息		1,600	⊖ 400			1,200		
仕　　　　　入	69,400		⊕ 12,300	⊖ 11,800	69,900			
給　　　　　料	12,760				12,760			
広 　告 　料	3,000				3,000			
支 払 手 数 料	4,320				4,320			
保 　険 　料	840			⊖ 560	280			
雑　　　　　費	460				460			
	188,580	188,580						
貸 倒 引 当 金 繰 入			110		110			
減 価 償 却 費			2,250		2,250			
前 払 保 険 料			560				560	
未 収 家 賃			660				660	
前 受 利 息				400				400
当 期 純 利 益					19,080	一致		19,080
			28,080	28,080	112,160	112,160	98,520	98,520

200

図表 15 － 7　8 桁精算表の計算規則

	残高試算表欄	計算	整理記入欄	結果	損益計算書欄 貸借対照表欄
①	借方		なし		借方
②	貸方		なし		貸方
③	借方	加算	借方	＋	借方
④	貸方	加算	貸方	＋	貸方
⑤	借方	減算	貸方	＋	借方
⑥	借方	減算	貸方	－	貸方
⑦	貸方	減算	借方	＋	貸方
⑧	貸方	減算	借方	－	借方

❺ 貸借対照表と損益計算書

（1）貸借対照表

　貸借対照表には，勘定科目を記入するのではなく，**貸借対照表項目**を記入します。勘定科目と貸借対照表項目は同じものが多いので，とても紛らわしいですが，おもな違いを以下に示しておきます。

① 　繰越商品（勘定科目）は 商品 （貸借対照表項目）にします。
② 　備品減価償却累計額（勘定科目）は 減価償却累計額 （貸借対照表項目）にします。
③ 　前払保険料（勘定科目）などは 前払費用 （貸借対照表項目）にします。
④ 　未収利息（勘定科目）などは 未収収益 （貸借対照表項目）にします。
⑤ 　前受地代（勘定科目）などは 前受収益 （貸借対照表項目）にします。
⑥ 　未払手数料（勘定科目）などは 未払費用 （貸借対照表項目）にします。
⑦ 　手形貸付金（勘定科目）は 貸付金 （貸借対照表項目）にします。
⑧ 　手形借入金や当座借越（勘定科目）は 借入金 （貸借対照表項目）にします。

　前節に示した精算表の記入例から，貸借対照表を作成すれば，図表 15 － 8 のとおりになります。貸倒引当金は借方の受取手形や売掛金から控除する形式で記入し，減価償却累計額も借方の備品や建物などから控除する形式で記入します。

図表 15 - 8　貸借対照表の記入例

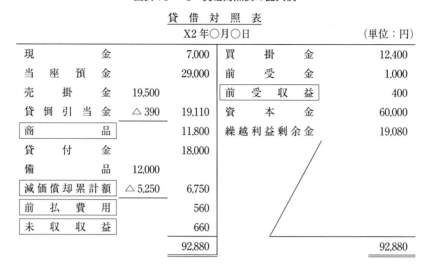

貸 借 対 照 表
X2 年〇月〇日　　　　　　　　　　　（単位：円）

現　　　　　金		7,000	買　　掛　　金		12,400
当 座 預 金		29,000	前　　受　　金		1,000
売　　掛　　金	19,500		前 受 収 益		400
貸 倒 引 当 金	△390	19,110	資　　本　　金		60,000
商　　　　　品		11,800	繰越利益剰余金		19,080
貸　　付　　金		18,000			
備　　　　　品	12,000				
減価償却累計額	△5,250	6,750			
前 払 費 用		560			
未 収 収 益		660			
		92,880			92,880

（2）損益計算書

　損益計算書にも，勘定科目を記入するのではなく，**損益計算書項目**を記入します。勘定科目と損益計算書項目の違いは，以下に示す2つです。

① 　売上（勘定科目）は売上高（損益計算書項目）にします。
② 　仕入（勘定科目）は売上原価（損益計算書項目）にします。

　前節に示した精算表の記入例から，損益計算書を作成すれば，図表15 - 9のとおりになります。なお，損益計算書の当期純利益または当期純損失は，朱書き（赤色）します。

図表 15 - 9　損益計算書の記入例

損 益 計 算 書
X1 年〇月〇日から X2 年〇月〇日まで　　　（単位：円）

売 上 原 価	69,900	売　　上　　高		108,400
給　　　　料	12,760	受 取 家 賃		2,560
広　　告　　料	3,000	受 取 利 息		1,200
支 払 手 数 料	4,320			
保　　険　　料	280			
雑　　　　費	460			
貸倒引当金繰入	110			
減 価 償 却 費	2,250			
当 期 純 利 益	**19,080**			
	112,160			112,160

練習問題

●●

問題1 次の資料にもとづいて，決算整理仕訳を示しなさい。ただし，会計期間は X1 年 1 月 1 日 から X1 年 12 月 31 日までとする。

＜資料＞

元帳勘定残高（一部）

現	金	¥1,500	受 取 手 形	¥8,000
売 掛 金	12,000	貸 倒 引 当 金	240
繰 越 商 品	6,000	貸 付 金	10,000
備 品	24,000	備品減価償却累計額	6,000
売 上	36,000	受 取 家 賃	2,400
仕 入	20,000	支 払 手 数 料	3,000
保 険 料	3,200		

決算整理事項等

（1）現金の実際有高は，¥1,400 であるが，原因は不明である。

（2）期末商品棚卸高は，¥7,000 である。売上原価は，売上原価勘定で計算する。

（3）期末商品棚卸高は，¥7,000 である。売上原価は，仕入勘定で計算する。

（4）貸倒引当金は，受取手形および売掛金の期末残高に対して 2％を設定する。

（5）備品の減価償却費は，定率法（償却率 0.25）で計算し，間接法によって記帳する。

（6）貸付金は，7 月 1 日から 1 年間貸し付けたものであり，利息は，年利 5％で，返済日に受け取る約束である。

（7）受取家賃は，10 月 1 日から 9 月 30 日（次年度）までの 1 年分 ¥2,400 を 10 月 1 日に受け取ったものである。

（8）支払手数料は，5 月 1 日に 1 年分を支払ったものである。

（9）例年 8 月 31 日に保険料 1 年分 ¥4,800 を現金で後払いしている。

	借方科目	金　額	貸方科目	金　額
（1）				
（2）				
（3）				
（4）				
（5）				
（6）				
（7）				
（8）				
（9）				

問題2 次の［資料1］および［資料2］にもとづいて，3月中の取引を仕訳し，X2年3月31日の残高試算表を作成しなさい。（第152回日商簿記検定試験第3問修正）

［資料1］X2年2月28日の残高試算表

残　高　試　算　表
X2年2月28日

借　方	勘　定　科　目	貸　方
6,880	現　　　　　金	
27,180	当　座　預　金	
13,000	受　取　手　形	
15,600	クレジット売掛金	
1,500	前　　払　　金	
7,200	繰　越　商　品	
400	仮　払　消　費　税	
6,000	貸　　付　　金	
12,000	備　　　　　品	
4,000	差　入　保　証　金	
	支　払　手　形	6,720
	買　　掛　　金	10,580
	借　　入　　金	3,000
	仮　受　消　費　税	800
	所　得　税　預　り　金	400
	貸　倒　引　当　金	80
	備品減価償却累計額	3,600
	資　　本　　金	27,000
	繰　越　利　益　剰　余　金	19,360
	売　　　　　上	152,000
66,000	仕　　　　　入	
32,000	給　　　　　料	
8,600	水　道　光　熱　費	
20,000	支　払　家　賃	
2,580	支　払　手　数　料	
600	支　払　利　息	
223,540		223,540

［資料2］

1日　貸付金¥6,000の満期日になり，元利合計が当座預金口座に振り込まれた。なお，貸付利率は年3％，貸付期間は4ヵ月であり，利息は月割計算する。

2日　商品¥4,800を仕入れ，代金のうち¥1,500は注文時に支払った手付金と相殺し，残額は掛とした。

3日 商品¥12,000をクレジット払いの条件で販売するとともに，信販会社への手数料（販売代金の5%）を計上した。

5日 買掛金¥3,600の支払いとして，同額の約束手形を振り出した。

6日 先月の給料にかかる所得税の源泉徴収額¥400を現金で納付した。

8日 オフィス拡張につき，ビルの4階部分を1ヵ月当たり¥3,200で賃借する契約を不動産業者と締結し，保証金（敷金）¥6,400と不動産業者に対する仲介手数料¥3,200を当座預金口座から支払った。

12日 商品¥7,800を仕入れ，代金として同額の約束手形を振り出した。

13日 商品¥4,000を売り上げ，代金として相手先が振り出した約束手形を受け取った。

16日 支払手形¥5,000が決済され，当座預金口座から引き落とされた。

19日 クレジット売掛金¥15,600が当座預金口座に振り込まれた。

20日 給料¥6,000の支払いに際して，所得税の源泉徴収額¥300を差し引き，残額を当座預金口座から支払った。

21日 受取手形¥9,400が決済され，当座預金口座に振り込まれた。

25日 家賃¥7,200が当座預金口座から引き落とされた。

26日 買掛金¥4,400を当座預金口座から支払った。

31日 商品を購入する契約を締結し，手付金として現金¥800を支払った。

	借方科目	金　　額	貸方科目	金　　額
1日				
2日				
3日				
5日				
6日				
8日				
12日				
13日				
16日				
19日				
20日				
21日				
25日				
26日				
31日				

残　高　試　算　表
X2年3月31日

借　方	勘定科目	貸　方
	現　　　　　金	
	当　座　預　金	
	受　取　手　形	
	クレジット売掛金	
	前　　払　　金	
	繰　越　商　品	
	仮　払　消　費　税	
	備　　　　　品	
	差　入　保　証　金	
	支　払　手　形	
	買　　掛　　金	
	借　　入　　金	
	仮　受　消　費　税	
	所　得　税　預　り　金	
	貸　倒　引　当　金	
	備品減価償却累計額	
	資　　本　　金	
	繰　越　利　益　剰　余　金	
	売　　　　　上	
	受　取　利　息	
	仕　　　　　入	
	給　　　　　料	
	水　道　光　熱　費	
	支　払　家　賃	
	支　払　手　数　料	
	支　払　利　息	

問題3　問題2で作成した［資料1］X2年3月31日残高試算表と［資料2］決算整理事項等にも
とづいて，(1) 決算整理事項等の仕訳を示し，(2) 精算表を作成して，(3) 貸借対照表
および (4) 損益計算書を完成しなさい。消費税の仮受け・仮払いは，売上取引・仕入取
引のみで行うものとし，［資料2］決算整理事項等の7. 以外は消費税を考慮しない。なお，

208 |

会計期間はX1年4月1日からX2年3月31日までの1年間である。(第152回日商簿記検定試験第5問修正)

[資料1] X2年3月31日残高試算表

残 高 試 算 表
X2年3月31日

借 方	勘 定 科 目	貸 方
5,680	現　　　　　金	
26,340	当 座 預 金	
7,600	受 取 手 形	
11,400	クレジット売掛金	
800	前 払 金	
7,200	繰 越 商 品	
400	仮 払 消 費 税	
12,000	備　　　　　品	
10,400	差 入 保 証 金	
	支 払 手 形	13,120
	買 掛 金	5,880
	借 入 金	3,000
	仮 受 消 費 税	800
	所 得 税 預 り 金	300
	貸 倒 引 当 金	80
	備品減価償却累計額	3,600
	資 本 金	27,000
	繰 越 利 益 剰 余 金	19,360
	売　　　　　上	168,000
	受 取 利 息	60
78,600	仕　　　　　入	
38,000	給　　　　　料	
8,600	水 道 光 熱 費	
27,200	支 払 家 賃	
6,380	支 払 手 数 料	
600	支 払 利 息	
241,200		241,200

[資料2] 決算整理事項等

1．現金の実際有高は，¥4,180であった。帳簿残高との差額のうち，¥1,200は通信費の記入漏れであることが判明したが，残額は不明のため，雑損または雑益として処理する。

2．手形代金の当座預金口座への入金¥6,300の取引が，誤って借方・貸方ともに

¥3,600 と記載されていたので，その修正を行った。

3．当月の水道光熱費¥1,540 が当座預金口座から引き落とされていたが，未処理であった。

4．受取手形の期末残高に対して2%の貸倒引当金を差額補充法により設定する。

5．期末商品棚卸高は，¥8,000 である。売上原価は，仕入勘定で計算する。

6．備品について，残存価額をゼロ，耐用年数を8年とする定額法により減価償却を行う。

7．消費税の処理（税抜方式）を行う。

8．借入金は X1 年6月1日に借入期間1年，利率年5%で借り入れたもので，利息は11月末日と返済日に6ヵ月分をそれぞれ支払うことになっている。利息の計算は月割による。

9．支払家賃のうち¥2,400 は，X1 年10月1日に向こう1年分を支払ったものである。そこで前払分を月割により計上する。

（1）

	借方科目	金　額	貸方科目	金　額
1				
2				
3				
4				
5				
6				
7				
8				
9				

(2)

精　算　表
X2年3月31日

勘定科目	残高試算表		整理記入		損益計算書		貸借対照表	
	借　方	貸　方	借　方	貸　方	借　方	貸　方	借　方	貸　方
現　　　　　金								
当 座 預 金								
受 取 手 形								
クレジット売掛金								
前 払 金								
繰 越 商 品								
仮 払 消 費 税								
備　　　　　品								
差 入 保 証 金								
支 払 手 形								
買 掛 金								
借 入 金								
仮 受 消 費 税								
所 得 税 預 り 金								
貸 倒 引 当 金								
備品減価償却累計額								
資 本 金								
繰 越 利 益 剰 余 金								
売　　　　　上								
受 取 利 息								
仕　　　　　入								
給　　　　　料								
水 道 光 熱 費								
支 払 家 賃								
支 払 手 数 料								
支 払 利 息								
通 信 費								
雑　　　　　損								
貸 倒 引 当 金 繰 入								
減 価 償 却 費								
未 払 消 費 税								
未 払 利 息								
前 払 家 賃								
当 期 純 利 益								

（3）

貸 借 対 照 表
X2 年 3 月 31 日　　　　　　　　　　　　　　　　（単位：円）

（4）

損 益 計 算 書
X1 年 4 月 1 日から X2 年 3 月 31 日まで　　（単位：円）

索　引

《著者紹介・略歴》

古賀智敏（こが・ちとし）〔第 1 章〕
　東海学園大学名誉教授，神戸大学名誉教授
　1991 年　経営学博士（神戸大学）

遠藤秀紀（えんどう・ひでき）〔第 2 章，第 3 章，第 7 章〕
　東海学園大学経営学部教授・副学長
　2005 年　南山大学大学院経営学研究科博士後期課程修了，博士（経営学）

片桐俊男（かたぎり・としお）〔第 4 章，第 13 章，第 14 章，第 15 章〕
　東海学園大学経営学部講師
　1996 年　南山大学大学院経営学研究科博士後期課程単位取得退学

田代景子（たしろ・けいこ）〔第 5 章，第 6 章，第 8 章〕
　東海学園大学経営学部教授
　1995 年　中央大学大学院商学研究科博士後期課程単位取得退学

松脇昌美（まつわき・まさみ）〔第 9 章，第 10 章，第 11 章，第 12 章〕
　東海学園大学経営学部教授
　2003 年　同志社大学大学院商学研究科博士後期課程単位取得退学

（検印省略）

2022 年 9 月 10 日　初版発行　　　　　　　　　略称―アカウンティング

基礎から学ぶアカウンティング入門

著　者	古賀智敏・遠藤秀紀・片桐俊男 田代景子・松脇昌美
発行者	塚田尚寛

発行所　東京都文京区　　**株式会社 創成社**
　　　　春日 2−13−1

電　話 03（3868）3867　　　ＦＡＸ 03（5802）6802
出版部 03（3868）3857　　　ＦＡＸ 03（5802）6801
http://www.books-sosei.com　　振　替 00150-9-191261

定価はカバーに表示してあります。

©2022 Hideki Endo　　　　　　　　組版：ワードトップ　印刷：エーヴィスシステムズ
ISBN978-4-7944-1572-1　C3034　　製本：エーヴィスシステムズ
Printed in Japan　　　　　　　　　落丁・乱丁本はお取り替えいたします。

———————————— 簿記・会計選書 ————————————

基礎から学ぶアカウンティング入門	古 遠 片 田 松 賀 藤 桐 代 脇 智 秀 俊 景 昌 敏 紀 男 子 美	著	2,600 円
会 計 ・ ファイナンスの基礎・基本	島 片 粂 引 藤 本 上 井 地 原 克 孝 淳 夏 大 彦 洋 子 奈 花 子	著	2,500 円
学 部 生 の た め の 企 業 分 析 テ キ ス ト ―業界・経営・財務分析の基本―	髙 福 三 橋 川 浦 聡 裕 敬 徳	編著	3,200 円
日 本 簿 記 学 説 の 歴 史 探 訪	上 野 清 貴	編著	3,000 円
全 国 経 理 教 育 協 会 公式 簿記会計仕訳ハンドブック	上 野 清 貴 吉 田 智 也	編著	1,200 円
人 生 を 豊 か に す る 簿 記 ― 続・簿 記 の ス ス メ ―	上 野 清 貴	監修	1,600 円
簿 記 の ス ス メ ―人 生 を 豊 か に す る 知 識―	上 野 清 貴	監修	1,600 円
現代の連結会計制度における諸課題と探求 ―連 結 範 囲 規 制 の あ り 方 を 考 え る―	橋 上 徹	著	2,650 円
非 営 利 ・ 政 府 会 計 テ キ ス ト	宮 本 幸 平	著	2,000 円
ゼ ミ ナ ー ル 監 査 論	山 本 貴 啓	著	3,200 円
国 際 会 計 の 展 開 と 展 望 ―多 国 籍 企 業 会 計 と IFRS―	菊 谷 正 人	著	2,600 円
I F R S 教 育 の 実 践 研 究	柴 健 次	編著	2,900 円
I F R S 教 育 の 基 礎 研 究	柴 健 次	編著	3,500 円
投 資 不 動 産 会 計 と 公 正 価 値 評 価	山 本 卓	著	2,500 円
新 ・ 入 門 商 業 簿 記	片 山 覚	監修	2,350 円
新 ・ 中 級 商 業 簿 記	片 山 覚	監修	1,850 円
管 理 会 計 っ て 何 だ ろ う ―町 の パ ン 屋 さ ん か ら ト ヨ タ ま で―	香 取 徹	著	1,900 円
税 務 会 計 論	柳 裕 治	編著	2,550 円
は じ め て 学 ぶ 国 際 会 計 論	行 待 三 輪	著	2,400 円
監 査 の 原 理 と 原 則	デヴィッド・フリント 井 上 善 弘	著 訳	1,900 円

(本体価格)

———————————— 創 成 社 ————————————